Inhalt

Krisen

von Roger Mielke

Die Menschen leben in der Zeit, der Feind aber hat sie für die Ewigkeit bestimmt. Daher möchte Er, so glaube ich, dass sie ganz besonders auf zwei Dinge ihre volle Aufmerksamkeit richten: auf die Ewigkeit selbst und auf jenen Punkt in der Zeit, den sie Gegenwart nennen. Denn die Gegenwart ist der Punkt, in dem die Ewigkeit die Zeit berührt. Vom Augenblick und nur von ihm allein, haben die Menschen eine Erfahrung ähnlich derjenigen, welche der Feind von der Wirklichkeit als ganzer besitzt; in diesem Augenblick allein sind ihnen Freiheit und Wirklichkeit tatsächlich angeboten. Er möchte daher, dass sie sich entweder stets um die Ewigkeit (was gleichbedeutend ist wie: mit ihm selbst) oder um die Gegenwart bekümmern, indem sie entweder über die ewige Vereinigung mit Ihm oder über die ewige Trennung von ihm nachdenken und im Übrigen der gegenwärtigen Stimme ihres Gewissens folgen, ihr gegenwärtiges Kreuz tragen, die gegenwärtige Gnade entgegennehmen und für die Freuden der Gegenwart danken.

C. S. Lewis, Dienstanweisung für einen Unterteufel [1]

Als Jesus aber von den Pharisäern gefragt wurde: Wann kommt das Reich Gottes? antwortete er ihnen und sprach: Das Reich Gottes kommt nicht mit äußeren Zeichen; man wird auch nicht sagen: Siehe, hier! oder: Da! Denn sehet, das Reich Gottes ist mitten unter euch.

Lukas 17,20.21,
Evangelium zum Drittletzten Sonntag des Kirchenjahres

Krise. Davon zu reden ist zur Binse geworden, darüber zu klagen kraftlos. Die Schraube dreht sich weiter. Während ich diese Einführung schreibe, tobt nach dem terroristischen Angriff der palästinensischen Hamas der Krieg im Gaza-Streifen. Im ganzen Nahen Osten droht ein Flächenbrand entzündet zu werden. Die Bilder gemordeter Zivilisten in Israel rücken auf den Leib und

---

[1] C. S. Lewis, Dienstanweisung an einen Unterteufel, Freiburg ⁹1962, 65, Brief XV. Die »Screwtape Letters« des englischen Autors C. S. Lewis erschienen im Original im Jahr 1941. In der literarischen Fiktion sind sie Briefe eines »Oberteufels« an seinen noch in der Ausbildung zum echten Teufel befindlichen Neffen und »Unterteufel«. Der »Feind« in unserem abgedruckten Text ist also in »teuflischer« Perspektive Gott.

entsetzen ebenso wie diejenigen von toten Kindern und zertrümmerten Krankenhäusern. Im Versuch darüber denkend Rechenschaft zu geben und zu reden, geht es mir und vielen anderen wie dem Lord Chandos in Hofmannsthals berühmtem Brief: »Die abstrakten Worte, deren sich doch die Zunge naturgemäß bedienen muss, um irgendwelches Urteil an den Tag zu geben, zerfielen mir im Mund wie modrige Pilze.«[2]

Aus irgendeinem Grund griff ich das vergilbte Exemplar der »Screwtape Letters« von C. S. Lewis aus dem Regal. Die letzte Lektüre darin mag viele Jahre her sein. Auch die Bücher haben ja ihren Kairos. Der oben abgedruckte kurze Abschnitt bewegt mich seither und die darin ausgesprochene Wahrheit leuchtet mir unbedingt ein. Die Macht der Krise liegt darin, dass sie bindet. Lewis entfaltet den Gedanken im weiteren Zusammenhang. Die dämonische Macht bindet an die Vergangenheit und an die Zukunft. Sie verstrickt in die Genealogien von Hass und Gewalt, die polarisieren und entzweien. Und sie lenkt Herz und Kopf auf die Zukunft. Dies auf doppelte Weise: Am drängendsten in der Form der Angst. Was mag kommen? Wann kommt der Krieg zu uns? Auf den Straßen ist er ja schon in gewisser Hinsicht, im widerwärtigen einheimischen und importierten Hass auf Israel und alles Jüdische. Dann bindet die Zukunft aber auch, indem sie die Kräfte zerstreut und verzweigt für Projekte, Utopien, illusorische Hoffnungen. Das Gebundenwerden durch Vergangenheit und Zukunft aber, fern davon den Blick zu weiten, verengt ihn vielmehr, lenkt ihn weg von dem Gegenwärtigen, das zu bestehen ist. Lewis beschreibt dies Gegenwärtige präzise. die Stimme des Gewissens vernehmen, das Kreuz tragen, die Gnade empfangen, für die Freude danken. In solcher Präsenz zu leben, öffnet für die Realität, eigene und fremde und die alles umgreifende Wirklichkeit Gottes.

Ich denke an die vier Vorbereitungsübungen zum Geistlichen Pfad, dem Meditationsweg der Michaelsbruderschaft. Seit langem sind sie für mich Bestandteil der eigenen Gebetspraxis geworden, bewährt gerade auch in schwierigen Lebenslagen und Konflikten: das Schweigen, die Einkehr in das Leibeshaus, die Kosmos-Übung (verwurzelt in der Erde und ausgespannt in das All), die Übung des Kelches (empfangen, was von Gott her zukommt). Was sind diese Vorbereitungsübungen anderes als Bereitung zur ungeteilten Präsenz?

Das Evangelium des Drittletzten Sonntags des Kirchenjahres sagt genau dies: Krise hin oder her, das Reich Gottes ist gegen-

Die Macht der Krise liegt darin, dass sie bindet.

---

[2] Hugo von Hofmannsthal, Ein Brief, in: Ders., Der Brief des Lord Chandos. Schriften zur Literatur, Kunst und Geschichte, Stuttgart 2000, 51.

wärtig, »mitten unter uns«. Jesus Christus, der Lebendige, ist gegenwärtig. Weil Er im Hier und Jetzt präsent ist, erwarten wir ihn durch »alle Tage« dieser vergehenden Weltzeit hindurch – und einmal am »Tag des Menschensohnes«. Wie aber das sagen und davon sprechen, wenn die Worte schal geworden sind? Wie so davon reden, dass Menschen berührt und getroffen werden, so dass Illusionen aufgedeckt werden, die Angst vertrieben und heilsame Gegenwart dessen erfahren wird, der die Quelle des Lebens ist? Wie davon predigen? Ich weiß es nicht. Wer »kann« schon predigen? Ich kann es jedenfalls nicht. Das Einzige, was geht, ist gegenwärtig zu sein, zu Jesus Christus zu gehen und ihn demütig zu bitten: Schenke Du das Wort und die Worte, so wie Du Speise und Trank gibst. »Ohne mich könnt ihr nichts tun«, sagt der johanneische Christus (Johannes 15,5).

Schenke Du das Wort und die Worte, so wie Du Speise und Trank gibst. »Ohne mich könnt ihr nichts tun.«

Die Beiträge dieses Adventsheftes gehen jeweils auf ihre Weise der Spur der Krise nach:

Michael Niemann liest das Alte Testament als Krisenliteratur. Die Erzählung von Kain und Abel, die Turmbaugeschichte, Hiob und der Prediger Salomo, Kohelet, stehen für ganz unterschiedliche und doch erstaunlich kohärente Umgänge mit der Krise. *Gerhard Sauter* legt die Vaterunser-Bitte »Dein Reich komme« aus. Der Beitrag des hochverehrten theologischen Lehrers, schwierigen persönlichen Lebensumständen abgerungen, freut mich besonders! *Marco Hofheinz* fragt in seinem Essay, ob und wie Karl Barths Theologie der Krise in den gegenwärtigen multiplen Krisen Wegweisung geben kann. *Thomas Martin Schneider* schreibt über die nur allzu offensichtlichen Krisenzeichen im Leben der evangelischen Kirche. Er fasst hier Gedanken seines viel beachteten Buches »Kirche ohne Mitte?« zusammen, das weiter hinten in diesem Heft rezensiert wird. *Thomas Thiel* erläutert in einer originellen Auslegung des Gleichnisses vom vierfachen Acker die Bedeutung von Krisen in der Seelsorge. *Christian Schmidt* beschreibt, wie sich Populisten der christlichen Tradition bemächtigen, um sie für ihr politisches Projekt zu instrumentalisieren und ermutigt dazu, sich dieser Instrumentalisierung konsequent zu widersetzen. Von *Petra Reitz* kommt einmal mehr eine eindringliche Predigt, diesmal eine Auslegung des Lutherliedes »Ein feste Burg« am Reformationstag. Verkündigung, die auch in der Krise standhält. *Heiko Wulfert* hat wieder Quellentexte aus der mystischen Tradition zum Thema des Hefts zusammengestellt und kommentiert. Der Bogen spannt sich über 1700 Jahre, von Gregor von Nazianz bis hin zu Henri Nouwen. Wie immer schließen drei Rezensionen das Heft. Besonders hinzuweisen ist auf die Illustrationen, die Arbeiten von *Rolf Gerlach* wiedergeben. Die ornamentalen Kunst-

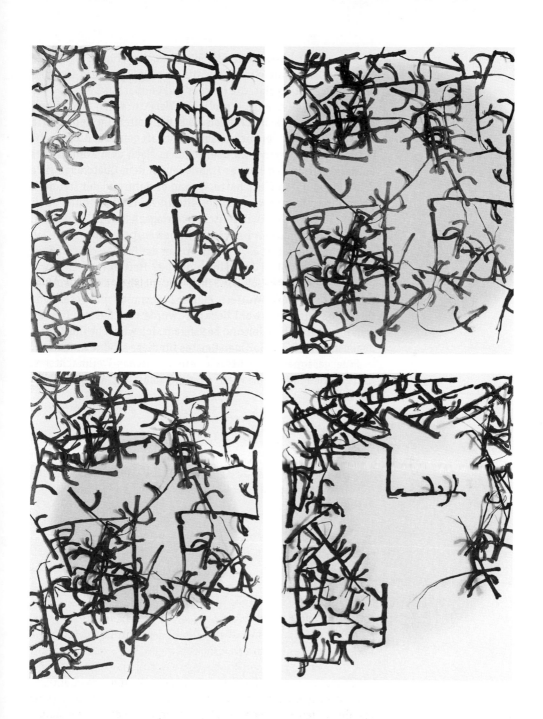

Foto: Rolf Gerlach

werke sind aus Kastanienzweigen zusammengefügt. Formen der Natur, die sich wandeln, so wie die Krise vielgestaltig ist, aber doch auch Muster zeigt, die (wieder-)erkennbar sind.

Zuletzt ist hier ein persönliches Wort zu sagen. Mit dieser Ausgabe verabschiede ich mich als Schriftleiter. Im Herbst 2016 wurde ich vom Rat der Michaelsbruderschaft gebeten, die Schriftleitung von Quatember zu übernehmen. Nach dem Konkurs des Lutherischen Verlagshauses Hannover, in dem Quatember viele Jahre einen guten Platz hatte, gelang es aufgrund der freundlichen Unterstützung von Verlagsleiterin Annette Weidhas unter das große Dach der Evangelischen Verlagsanstalt zu schlüpfen. Diese Zusammenarbeit hat sich sehr bewährt. Darüber freue ich mich sehr. Wie gut ist es, dass die Ämter der Bruderschaft befristet sind. Nach sieben Jahrgängen und 27 Heften (1/2/2017 war ein Doppelheft) gebe ich die Schriftleitung ab und übergebe das Amt an Bruder Heiko Wulfert. Er, den Leserinnen und Lesern von Quatember als Autor wohl bekannt, wurde vom Rat der Bruderschaft mit der Schriftleitung beauftragt. Ich wünsche ihm Gottes Segen und Kraft des Heiligen Geistes für diese schöne Aufgabe.

Eine gesegnete Adventszeit, ein fröhliches Weihnachtsfest und ein friedliches neues Jahr wünscht somit letztmalig in dieser Funktion

Ihr und Euer Schriftleiter
Roger Mielke

Wo ist Gott in Krisen?
Alttestamentliche Spurensuche[1]

von Hermann Michael Niemann

Man erfährt Gott, wo jedes wann und jedes wo sich treffen.[2]

Hans Peter Duerr

Das Alte Testament, die Hebräische Bibel, kann nahezu komplett als Krisen-Literatur gelesen werden. In dieser – einschließlich des Neuen Testaments – in ihren Wirkungen wohl bedeutendsten Textsammlung der Menschheit finden wir Autoren aus dem Altertum im östlichen Mittelmeerraum im 1. Jahrtausend v. Chr., wo sie sich mit zahlreichen Krisen auseinandersetzen. Die *prophetischen Bücher* beschäftigen sich mit sozialen und religiösen Krisen, sie und andere Bücher mit persönlichen Krisen in Krankheit, erlittenem Unrecht, Kriegsgefahr, Verfolgung, Angst und drohendem Tod. Die *Psalmen* sprechen ebenfalls von all dem, aber auch vom Dank gegenüber Gott für Hilfe, Trost und Rettung aus solchen Situationen. Die *Weisheitsbücher* sammeln traditionelle Lebenslehren, die durch Krisen geleiten sollen. Die *Geschichtsbücher* beschreiben u. a. den Untergang der Staaten Israel und Juda im Rahmen kriegerischer Ereignisse. Bemerkenswert hierbei, dass die biblischen Autoren radikal selbstkritisch diesen Untergang darstellen und interpretieren. Manchmal bietet die Bibel einen kriegerischen »Sound« mit zornigen Äußerungen gegenüber machtvollen Feinden, die die beiden kleinen und schwachen Bauern- und Hirtengesellschaften, eingeklemmt zwischen Großmächten (Ägypten, Assyrien, Babylonien) und mittelgroßen Mächten (Syrien, Philister), in Gefahr bringen. Dann wünscht man deren Vernichtung in teils drastischen Worten ohnmächtigen Zorns und bitterer Klage. Dabei ist zu beachten, dass Israel und Juda Angriffskriege nicht nennenswert geführt haben, nicht führen konnten. Was in biblischen Texten kriegerisch, ja, hasserfüllt gegenüber Feinden klingt, ist in der Regel das narrative Abreagieren ohnmächtiger Verzweiflung über den Untergang der kleinen Bergstaaten (720 bzw. 586 v. Chr.). Man sucht sich erzählend Luft zu machen. Und schließlich ist es die *Thora*, die als

---

[1] Den Menschen dankbar gewidmet, die mich seit Januar 2014 begleiten.
[2] Hans Peter Duerr, Traumzeit. Über die Grenze zwischen Wildnis und Zivilisation, Frankfurt a. Main [6]1982, 150.

Erzählen ist mehr als Inhalte weitergeben. Erzählen gestaltet Wirklichkeit.

Mitte der Hl. Schrift, auch als »roter Faden« den Weg weist in allen Krisen und durch die Krisen.

In Israel, in einer Zeit und Region, wo die allerwenigsten Menschen lesen und schreiben konnten, blühte eine umso reichere Kultur des kreativen Erzählens. Erzählen ist mehr als Inhalte weitergeben. Erzählen gestaltet Wirklichkeit. Im Verlauf des Erzählens, beim Wieder-, Um- und Weitererzählen bilden sich Motive und Formen immer wieder neu, sach- und situationsbezogen. Erzählte historische Personen können aufgrund von Erfahrungen im Überlieferungsprozess, im erzählenden Weitergeben, neue, veränderte, aktuelle, situationsbezogene Prägungen erhalten. Sie mögen dann in der »erzählenden Zeit« nicht mehr im Sinne einer ursprünglichen historischen Person und der »erzählten Zeit« »wahr«, d. h. faktisch exakt sein. Sie sind aber dennoch »wahr« im Sinne von »bedeutsam« (was »wahr« auch bedeuten kann). Sie sind erfahrungsgesättigt, prägnant (d. h. »schwanger«), neue Bedeutung gebärend für die »erzählende Zeit«, wenn auch nicht mehr »präzise«, d. h. »scharf geschnitten«, genau und exakt gemäß der ursprünglichen Situation, der »erzählten Zeit«. Es entstehen erzählte Personen und Schicksale, die Verhaltens-Muster und -Strukturen anbieten, die vielleicht nie exakt so geschehen sind, aber Modelle darstellen, die im positiven oder negativen Sinne vorbildlich sein können. Hinter ihnen stehen hunderte, tausende mehr oder weniger vergleichbare Schicksale, die in der Erzählung zu einem Verhaltensmuster geronnen sind. Sie stellen ein Angebot dar, das nach-gelebt oder auch – im negativen Fall – abgelehnt werden kann.

Besonders bedeutende Beispiele bieten die Erzählungen am Anfang der Hebräischen Bibel. Sie berichten von Vergangenem, von menschlichen, allgemeinmenschlichen Einsichten und Erfahrungen. Wir können sie deshalb auch Weltgeschichten nennen, weil sie für Menschen aller Zeiten, Religionen, Weltanschauungen hör-, les- und verstehbar sind. Die Turmbaugeschichte (Gen 11,1–9) erzählt von einer Gruppe, einer Gemeinschaft, die sich versteht, dieselbe Sprache spricht, die aktiv wird. Die Menschen wollen einen Turm bauen und dem Himmel real oder symbolisch näher kommen: Neugier und Mut zur Tat, über sich hinauswachsen – das gehört wesentlich zum Menschsein. Und das ist gut so. »Wir wollen etwas leisten, was Dauer hat, in Erinnerung bleibt, etwas Großes, was uns verbindet.« Ja, das darf und soll zu einem menschlichen Leben gehören: Eine Spur zu hinterlassen, Sinn und Ziel im Leben zu finden. Individuell. Oder in Gemeinschaft. Eine Spur von dem, was uns wichtig war, was uns getragen hat, was wir gern weitergeben. Die Turmbaugeschichte macht Mut, bei

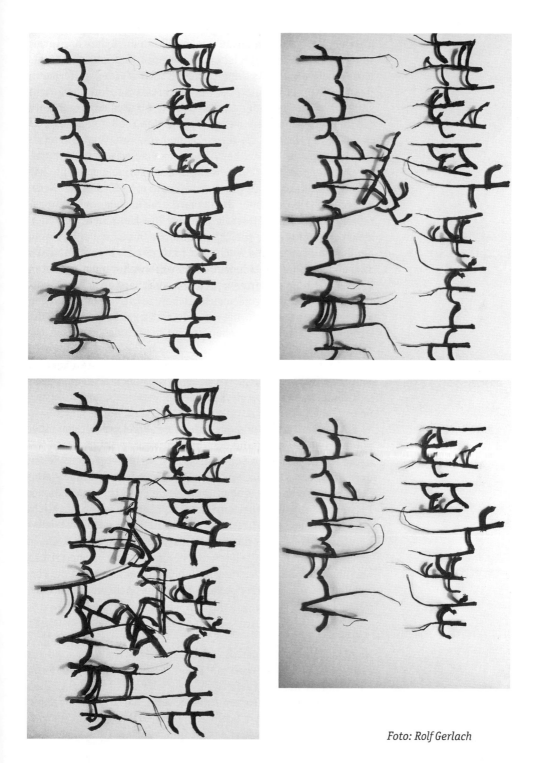

Foto: Rolf Gerlach

unseren Zielen nicht klein zu denken: Denn die Spitze des Turms soll bis an den Himmel reichen. »Damit das Mögliche geschieht, muss immer wieder das Unmögliche versucht werden.« (Hermann Hesse) Ist dieser unentwegte Mut des kreativen Menschen nicht wunderbar? Gewiss, aber da sitzt auch der Haken der Geschichte mit dem grenzenlosen menschlichen Unternehmungsgeist. Er findet in den Krisen, die unser Leben begleiten, Grenzen, letztlich bei unserer Endlichkeit. In der exemplarischen Turmbaugeschichte stoppt Gott die hochgemuten Turmbauer nicht, wie vielleicht Zeus es getan hätte, gewaltsam mit einem Blitz. Nein, er beendet die drohende Grenzüberschreitung der Schöpfungsordnung, den Himmelssturm sanfter. Die Menschen verstehen sich nicht mehr. Jeder spricht eine andere Sprache. Der Schwung der Gemeinsamkeit, die Wucht und Kraft gemeinsamen Handelns sind abgebrochen. Gott bewirkt eine Vollbremsung der vereinten Kräfte. Wir schauen uns ins Gesicht, aber verstehen uns nicht. Und die Geschichte vom menschlichen Nicht-Verstehen wegen verschiedener Sprachen hat eine dramatische Erweiterung, die wir alle kennen: Wir verstehen uns oft nicht, auch wenn wir die gleiche Sprache sprechen! Fremde Sprachen können wir lernen.

Zur Hilfe beim Einander-Nicht-Verstehen in der eigenen Sprache gibt es kein Wörterbuch.

Zur Hilfe beim Einander-Nicht-Verstehen in der eigenen Sprache gibt es kein Wörterbuch. Mir scheint dies noch schmerzhafter, trostloser, wenn wir mit Herz und Seele, Verstand und Gefühl keine Verstehens-Brücke zu unserem Nächsten finden.

Eine andere Erzählung am Anfang der Bibel erzählt von einer potentiellen Krise anhand des Verhältnisses zwischen Brüdern – heute würde man eine Schwestern-Geschichte ergänzen: Neben der Partnerschaft zwischen Mann und Frau ist das Brüder- oder Schwesternverhältnis eine grundlegende Struktur menschlicher Existenz. Kain und Abel ergänzen sich idealerweise glücklich, einer ein Bauer, der andere ein Hirte, die Basis vorindustrieller beruflicher Welt. Aber das Verhältnis zwischen Brüdern kann in die Krise geraten, tragisch scheitern. Eine weitere exemplarische Erzählung der Bibel handelt von Unglück, Krankheit und der verzweifelten – und kämpferischen – Frage und Suche nach dem (verborgenen) Sinn von dem allen.

Persönliche Krise
Nichts ist Hiob mehr gewiß. Alles wankt. Gewissheiten sind zur Falle geworden, Gott wird zur Falle. (Jeremia 15,18) Wen kann Hiob fragen, wen herausfordern, wenn die Welt kopfsteht? Hiob schreitet vom Vorwurf zur Anklage und zur Herausforderung Gottes: Gott möge gegen Gott in den Zeugenstand treten, sich erklären und verteidigen. Ist das Blasphemie?

Willst Du
Deine Ruhe finden,
lass dich nicht beruhigen.
Elazar Benyoëtz[3]

Hiob kämpft gegen Gott, aber er hat den Kampf – wie Jakob (Gen 32,24–31) – nicht gesucht. Jakob hat mit Gott gerungen, seine Kräfte wachsen im Gotteskampf. (Gen 32,25a) Aber gegen Gott kann der Mensch nicht gewinnen. (Gen 32,25b) Wer mit Gott ringt, kann jedoch mit Gott den Sieg und Gottes Segen davon-tragen. (Gen 32,28–29) Gott schlägt Hiob, seinen Herausforderer, nicht wie Jakob auf die Hüfte noch verteidigt er die orthodoxe Theologie der Freunde Hiobs. Gott geht nicht direkt und konkret auf Hiobs Leid ein. Er tritt vielmehr dem menschlichen Gottes-Be-dränger zur Seite als Mit-Kämpfer. Gott leugnet nicht, dass seine Schöpfung vom Chaos und vom Bösen bedroht sei (Hiob 3, 9). Aber Gott ist ständig damit beschäftigt, das Chaos zurückzudrängen. (Hiob 38f.; 40f.) Gott erwähnt den Menschen nicht als Schöp-fungswerk. Denn der ist noch schwieriger mit seinen Problemen und Plänen zu bewältigen als das tierische und pflanzliche und anorganische Chaos. Das versteht Hiob. Gott gibt Hiob aber Recht, der zuletzt weniger auf seine Rechtfertigung pocht, sondern mehr Wert auf die Aussprache mit Gott legt, der sich ihm zeigt und mit ihm spricht, Hiob in seinem Leid offensichtlich ernst nimmt.

Angesichts des (mit-)kämpfenden Gottes vertritt das Hiobbuch eine dynamische Stabilität der Welt, nicht eine statisch-stabili-sierende wie die Hiob etwa zeitgenössische Priesterschrift. Jene erlaubt, das Nicht-Gute in der Welt als real hinzunehmen, aber als Nicht-Gutes deutlich zu kennzeichnen. Gott befreit Hiob damit aus seiner Selbstbezogenheit. Die Welt und Gottes Aufgaben sind viel größer als Hiob übersehen konnte. (Hiob 40, 3–5) Leiden ge-hört zum Menschsein, nicht aber die Erkenntnis des Absoluten. Hiob unterstellt sich wieder dem – wie er selbst – kämpfenden Gott. (Hiob 42,1–2) Und schweigt.

Angesichts des (mit-)kämp-fenden Gottes vertritt das Hiob-buch eine dyna-mische Stabilität der Welt.

Man wächst
in seiner Sprache
bis zum Verstummen hinauf.
Elazar Benyoëtz[4]

---

[3] Elazar Benyoëtz, Die Zukunft sitzt uns im Nacken, München/Wien 2000, 19.
[4] A.a.O., 52.

Gottes Kampf erlaubt es Hiob zu erkennen, dass das Geheimnis der göttlichen, unvollkommenen und zu erlösenden Schöpfung (Römer 8) auch sein eigenes Geheimnis ist. Seine zweifelhaften Gewissheiten und sicheren Zweifel sind im Vertrauen auf den mit-kämpfenden Gott aufgehoben. Gott zweifelt nicht an Hiob. Er vertraut auf ihn. (Hiob 2; 42) Hiobs Krise, seine Klagen, Zweifel, Kämpfe sind erlaubt und geboten. Hiob hat die Menschlichkeit, die Menschenzugewandtheit Gottes erkannt. Und dass neben dem Reden über Gott das Reden mit Gott entscheidend ist.

Soziale Krise
Im biblischen Amos-Buch aus Israel im 8. Jh. v. Chr. erhebt sich eine Stimme, die so quer zu ihrer aktuellen Situation steht, wie es stärker kaum möglich ist. Die politische und wirtschaftliche Situation war noch nie so günstig. Die Elite lebt in Saus und Braus, allenfalls jammert man auf hohem Niveau. Staat und Gesellschaft sind – oder scheinen – gesichert, festgefügt. Jahrzehnte positiver Entwicklung lassen sorglos in die Zukunft blicken und das Leben genießen. Keiner ahnt, dass das blühende Staatswesen bald von einer (politischen) Krise in die nächste taumelt und 30 Jahre später unter kriegerischem Angriff zusammengebrochen und ausgelöscht sein wird. Alles ist gut, wenn da nicht doch manche, und nicht wenige, im Schatten lebten, Verarmte, Benachteiligte, Betrogene, ihrer Rechte Beraubte, Ausgebeutete, Verfolgte, die Leute am Rand der Gesellschaft. Aber die im Schatten sieht man nicht, will man nicht sehen. Sie stören die Lebensfreude, die Freude der Feste und Gottesdienste, die gern und reichlich gefeiert werden und ein gutes Gewissen machen. Einer aber, er gehört selbst zur Elite, sieht die soziale, die gesellschaftliche Spaltung. Er sieht Verarmung, Ausbeutung, Entsolidarisierung, und demgegenüber Gleichgültigkeit, religiöse Heuchelei, Bestechlichkeit und mangelndes (Un-)Rechtsbewusstsein. Und ihn trifft, tief in der Seele, ein Ruf und Auftrag Gottes, beunruhigend, erschreckend, unwiderstehlich. »Geh, verkündige öffentlich: Das Ende ist gekommen für mein Volk Israel.«
Als Amos erst einmal in Gang gekommen war, setzte er mit ruhiger Entschlossenheit, nein, nicht mit ruhiger, sondern eher mit fester Entschlossenheit, einen Schritt genau vor den anderen. Ruhig war er nicht, konnte er nicht sein bei dem, was er zu sagen hatte. Dazu war die Botschaft zu schrecklich. Dazu war er selbst zu betroffen. Die Botschaft war von einer Art, dass er sich am liebsten zurückgezogen und stumm vor Verzweiflung geweint hätte. Es kostete viel Kraft, Entschlossenheit und Gehorsam gegen Gott, mit dieser Botschaft auf die Straße zu gehen

und sie auszusprechen. Nein, nicht nur auf die Straße, sondern unter die Menge. Sogar ins berühmteste Heiligtum, nach Betel. Viel Publikum dort, viele gut gestimmte Menschen zum heiligen Fest, vor allem auch die hochwürdigen Priester und Amtspropheten. Vielleicht auch Angehörige des Hofes oder gar der König selbst, viele Angehörige der Oberklasse wie er, Amos, selbst. Aber es musste gesagt werden. Die Botschaft musste heraus. Da hatte Amos selbst keinen Zweifel. Gott hatte ihm gesagt: »Gekommen ist das Ende für mein Volk Israel. Ich, JHWH, gehe nicht länger schonend an ihm vorbei«. (Amos 8,2) Und noch schlimmer und bedrohlicher hatte Gott angekündigt, dass die gottesdienstlichen Orte verwüstet und Israels Heiligtümer zerstört würden, Orte, an denen statt dankbarer Gottesverehrung der eigene Erfolg gefeiert und die Armen und Elenden beiseitegedrängt wurden. Mit dem Schwert in der Hand werde sich Gott gegen die Heuchler und die Verantwortlichen erheben. (Amos 7,9) Wenn Amos Glück hätte, würden sie ihn anhören und doch leben lassen. Wenn er Glück hätte, würden sie ihn auslachen, für einen Gottesnarren halten und ziehen lassen. Aber im Grunde wollte er kein Glück haben, nicht ausgelacht, sondern ernst genommen werden. Er wollte einen Schock und Schrecken auslösen, der in die Glieder fuhr. Der in die Knie zwang. Der eine Wende, eine wirkliche Wende auslöste. Das ist äußerst unbequem, er wusste es. Er war zunächst wie gelähmt gewesen, als Gott ihn mit diesem Auftrag überfiel, mitten im vielversprechenden Arbeiten und Wirken bei seinen gut florierenden Ländereien und Herden am Rande der Wüste, Juda, Mitten in einer blühenden Zeit der Konjunktur, wie Israel sie selten, so günstig noch nie geschenkt war. Er hatte Zeit gebraucht, bis Gott ihm die Augen öffnete für die Beweggründe, die in der endlich aufstrebenden politischen und ökonomischen Entwicklung den heimlichen Niedergang, den Verfall im äußerlich glänzenden Aufstieg anzeigten. Es ist gut, wenn Menschen keinen Hunger haben. Es ist noch besser, wenn sie auch klug sind. Gedankenlosigkeit, Entsolidarisierung, religiöse Heuchelei, das sind brüchige Lebensgrundlagen.

Sicher, die positiven äußeren Entwicklungen waren eine Gabe Gottes, aber der Geber der Gaben geriet hinter der glänzenden Fassade in Vergessenheit. Seine Botschaft wird Ärger bringen, einen Sturm der Entrüstung. Aber es muss sein, der Auftrag, der Auftraggeber in seinem Rücken ist ein stärkender, stützender Sturm. Und wenn er umkehrte? Dann stünde ihm der göttliche Sturm selbst ins Gesicht! Also weiter, Schritt vor Schritt. Erst in der Abendkühle wird er in Betel eintreffen, in der quirligen Heiligtumsstätte voller noch ahnungsloser Menschen. Zuvor liegt noch

Gedankenlosigkeit, Entsolidarisierung, religiöse Heuchelei, das sind brüchige Lebensgrundlagen.

zwischen seinem heimatlichen Tekoa und Betel die Königsstadt Jerusalem. In der drückenden Mittagshitze wird er sie durchqueren, eher durchschleichen. Auch dort schon das schreckliche Gottes-Wort ansagen? Es wird unerträglich heiß dort sein, kaum jemand von den selbstzufriedenen Residenzbewohnern auf den mittäglichen Straßen. Nein, Betel ist besser, dort hören mehr, vielleicht beherzigen dort auch mehr, was er im Angesicht des Heiligtums Gottes, gerade dort sagen muss. »Gekommen ist euer Ende, ich, Gott, gehe nun nicht mehr schonend an euch vorbei«. Es wird in jedem Fall furchtbar, das sagen zu müssen: Hören sie auf das Wort, wird die Verzweiflung ungeheuer; hören sie nicht, wird ihre unverständige Wut ebenso ungeheuer aufflammen gegen ihn. Es gibt keinen Ausweg. Er muss weiter gehen. Entweder fällt der Bote in der Menschen Hand oder in die Hand Gottes, des Auftraggebers. Es gibt keine Ausflucht. Er setzt einen Fuß vor den anderen. Und geht weiter.

Sinn-Krise und die Krise traditioneller Weisheit

Der anonyme Autor dieses biblischen Buches, der sich hinter der Bezeichnung Kohelet (d. h. »Versammlungsredner« oder »Versammlungsleiter«) verbirgt, den damals um 200 v. Chr. aber wohl in Jerusalem viele kannten, bewegt sich auf der Grenze und zwischen Grenzen. Auf der Grenze zu stehen oder zwischen Grenzen: Das ist vielversprechend und erlaubt einen weiten Blick auf verschiedene Seiten, Überblick verschaffend und auch gefährlich. Starr gewordenes, allzu Vertrautes kann wieder zum Fließen kommen, gebiert neue Einsichten und Durchblicke. Kohelet fordert zur Freude auf – Kohelet ist immerhin Lesung zum Laubhüttenfest. Viele Leserinnen und Leser sehen freilich mehr seine Skeptik. Was gilt?

Kohelet fasst die Welt ins Auge, wie sie wirklich ist. (Kohelet 3,16–6,10) Das Ergebnis ist ernüchternd und sogar traurig. Kohelet führt die gängige Weisheit vor und findet sie widerlegt, auch das traditionelle Grundprinzip: Gutes Handeln führt zum Glück, schlechtes Handeln zum Untergang. Die Realität ist anders. Kann der Ratschlag anders sein als: Lebe für den Augenblick! Nimm das Gute und Böse des Augenblicks aus Gottes Hand, bis der Tod alles beendet. Danach gibt es nichts mehr. Die Verhaltensregel bis dahin: Weisheit und Ehrfurcht vor Gott. Freue Dich des Lebens, sei tatkräftig, solange die Kraft reicht. (Koh 9,7–12,7) Frommen Gemütern war diese Haltung oft unbehaglich. Aber sie spiegelt das Lebensgefühl Kohelets, das offene Weltbürgertum der Ptolemäerzeit im kleinen Tempelstaat Jerusalem des 3. Jahrhunderts v. Chr., nach den Gesetzen der Väter lebend im Kontext hellenistischen

Wirtschafts- und Kulturdrucks und in Nachbarschaft des uralten Ägyptens. Mochten einige in (Tempel-)Schulen Hebräisch am biblischen Buch der Sprüche lernen, auch griechische Philosophentexte lesen. In diesem Kontext bildet Kohelet ein Kompromiss-Angebot gegenüber damals »modernen«, rein griechischen Schulen: Erfahrungen griechischer Weltdeutung übernehmend, aber auf der Basis eines das Buch Kohelet durchziehenden hebräischen Grundbestandes. Klare israelitische Theozentrik neben dem »unhebräischen« Bild vom zuverlässig, ewig kreisenden Kosmos. Überzeugt hat der Kompromiss nicht alle. Das Buch Jesus Sirach hat bald Kohelet wie auch das Buch der Sprüche in orthodoxer Tendenz ersetzt.

Wie »modern« Kohelets Versuch war, ist heute – auch mit Hilfe des Neuen Testaments – sichtbar. Uns Menschen fällt es schwer, das Ganze zu überblicken. Wo sich Ordnungen auflösen, Verwerfungen auftun, Vereinzelung und Bindungslosigkeit unübersichtliche Strukturen schaffen. Der Mensch hofft auf Sinn, sieht ihn aber nicht und verfügt noch weniger darüber. Kohelet sieht die Unsterblichkeitsphilosophie platonischer Prägung mit der Abwertung materieller Wirklichkeit und setzt radikale Diesseitigkeit dagegen – wie die Hebräische Bibel insgesamt, was sie so alltagsermutigend macht, gegenwartsgesättigt und überhaupt nicht alt. Aber er stimmt griechischer Popularphilosophie zu, wenn er den endgültigen Charakter des Todes herausstellt. Kohelets pragmatische Hinwendung zur konkreten Gegenwart ist kein Akt der Skeptik, keine Legitimation von Welt- und Verantwortungsflucht, im Gegenteil. Der Kreislauf des Kosmos statuiert Stabilität. So hat der Mensch Teil am dauerhaften Sein. Und dem Augenblick kommt ein hoher Wert zu. Kohelet ergreift ihn im Vertrauen auf Gott.

Der Mensch hofft auf Sinn, sieht ihn aber nicht und verfügt noch weniger darüber.

Prof. em. Dr. Hermann Michael Niemann (geb. 1948) ist Bruder der Evangelischen Michaelsbruderschaft. Er lebt in Rostock/Mecklenburg. Bis 2014 lehrte er Altes Testament und Biblische Archäologie an der Evangelisch-Theologischen Fakultät der Universität Rostock.

Die Bitte »Dein Reich komme!« in der Krise

von Gerhard Sauter

Für Dr. Rainer Fischer (Köln)

Wie verhält sich die zweite Bitte des Gebetes der Christenheit »Dein Reich komme!« zu einem Tagesgespräch, das um Krisen, sprunghaft drängende Umgestaltungen, um eine Wende in vielen Bereichen und sogar um eine Zeitenwende kreist? Um sich dieser Frage annehmen zu können, müssen wir zuvor fragen, ob das Beten dieser Bitte nicht selber in eine Krise geriet, weil unklar wurde, worum hier gebetet wird. – Die Überschrift ist also doppeldeutig.

I. Reich Gottes – Gottes Herrschaft

In dem Gebet, das Jesus eingeprägt hat, wird die Bitte »Dein Reich (βασιλεία, *basileia*) komme!« (Mt 6,10) von zwei weiteren markanten Bitten umgriffen: dass Gottes Name, Sein Name, geheiligt werde und dass auf Erden wie im Himmel geschehe, was Er will. Sein Reich, das den Himmel beherrscht, die Machtsphäre Gottes (bei Mt »Reich der Himmel«), möge auch zur Erde kommen und die gesamte Wirklichkeit in sich aufnehmen. Auflehnungen, Widerstände und infernalische Gegenkräfte mögen gegen seinen unumschränkten Willen nichts Beständiges mehr ausrichten können.

Basileia/Βασιλεία enthält in der griechischen Übertragung der hebräischen Bibel drei nicht scharf unterschiedene Bedeutungsnuancen aus demselben Wortstamm *mlk*: »Königreich«, »Königtum« (königliche Würde und Gewalt) und »Königsherrschaft« (als Ausübung königlicher Macht, herrschaftliches Handeln).[1] Entsprechend können, auf Gott bezogen, in deutschen Übersetzungen »Königtum« oder »Königsmacht«[2] und »Reich« oder »Herrschaft«[3] variieren. Im Antiken Judentum gewinnt »Königsherrschaft« *(malkūt)* an Gewicht. Dies muss auch für das Verständnis von βασιλεία im Neuen Testament in Betracht gezogen werden.

---

[1] Jan Alberto Soggin, Artikel: *mælæk* König, in: Theologisches Handwörterbuch zum Alten Testament, hrsg. von Ernst Jenni und Claus Westermann, Bd. 1, München/Zürich 1971, (908–920), 909.919.

[2] Martin Buber und Franz Rosenzweig übersetzten in »Die Schrift« meistens mit »Königtum« (»Königschaft«) oder »Königsmacht«.

[3] Martin Luther übersetzte durchweg mit »Reich« oder auch »Königreich«.

Das Reich Gottes ist Gottes dynamischer Machtbereich: seine raumgreifende, zeiterfüllende Mächtigkeit, die in Raum und Zeit der Welt gleichsam einbricht und sich auf sehr spezifische Art bemerkbar macht – indem, wie in den Gleichnissen Jesu Überraschendes und Überwältigendes für die Beteiligten geschieht, und diese Überraschung liegt nie hinter uns. Gottes Wille geschieht, indem er Menschen dazu befreit, in der Bindung an ihn zu leben. Sie werden zu ihm hingezogen, in sein Wirken aufgenommen und gehen der Erfüllung seiner Verheißungen entgegen, die auf sie zukommt – indem den Schuldigen Vergebung, den Verzweifelten Trost, den Verblendeten Erleuchtung, den Ruhelosen Frieden, den Gleichgültigen der Spürsinn für das, was nottut, und den Sterblichen das verborgene Leben mit Christus in Gott zugesprochen wird.

Das Gegenbild des Reiches Gottes ist der Teufelskreis, der selbstmächtige, gleichsam spiralförmige Sturz in die Tiefe, der alle, die von ihm angezogen werden, mit sich reißt.

Die Herrschaft verkörpert sich im Herrscher und erweist ihr Wesen in der Art und Weise seines Herrschens. Als Herrscher seines Reiches kommt Gott zu denen, die seiner bedürfen – zu allen, denn wer könnte sich davon ausschließen? Die Bitte »Dein Reich komme!« streckt sich nach Gottes Kommen aus. Sie ist kein begehrlicher Wunsch, sondern die flehentliche Bitte bedrängter, in Irrungen und Wirrungen verstrickter, in heillosem Elend verlassener Menschen.

Die Bitte »Dein Reich komme!« streckt sich nach Gottes Kommen aus.

Im Alten Testament und in jüdischen Gebeten wird das Reich Gottes als Gottes souveräne Gestaltung und Leitung seiner Schöpfung gewürdigt. (Ps 103,19; 145,10–13) Er disponiert sie für die Beziehung seiner Geschöpfe zueinander. Gottes Reich bezieht sich sodann auf den Bund mit seinem Volk Israel, dem Gott in Geboten seinen ausgesprochenen Willen mitteilt. Schließlich wird erhofft, dass seine Friedensherrschaft die ganze Menschheit umfasst. (Jes 25,6–8) Im Neuen Testament bedeutet »Reich Gottes« das Kommen Gottes in der Gestalt Jesu, in seiner Verkündigung des Evangeliums, der Frohbotschaft, und in seinem vollmächtig vergebenden und erlösenden Handeln. Es vollzieht sich im Erleiden des Willens Gottes in der Geschichte des getöteten, auferweckten und erhöhten Christus.

Die Herrschaft Gottes ist ein Bereich, der durch nichts und niemanden eingeschränkt werden kann. Charakteristisch für ihn sind die neutestamentlichen Wendungen: »in das Reich Gottes hinein kommen« (Mk 9,45–47), gleichbedeutend mit »ins Leben eingehen« (Mk 10,25–27), in das Leben bei Gott; »das Reich Gottes empfangen« wie bei einem Kind, das schutz- und versorgungsbedürftig ist, noch keine Leistungen erbringen und daraus Ansprüche erheben kann. Jesus spricht das Reich Gottes denen zu, die nichts vorzuweisen haben, was ihnen Geltung vor Gott verschaffen könnte. Sie bedürfen des Segens, der sie in die Lebensgemeinschaft mit Gott aufnimmt – und damit auch in Gottes Handeln. (Mk 10,15–16)

Schwelle zum Eintritt in Gottes Reich ist die Vergebung der Sündenschuld, um die in der fünften Bitte des Vaterunsers gebeten wird. Der in sich selbst verkrümmte Mensch, der sich der Gottesfremde überlassen hat, wird gleichsam aufgebrochen, geöffnet, um Gottes Frieden, *Schalóm,* zu empfangen – an sich geschehen zu lassen, was nach Gottes Willen geschieht, und seinem ausgesprochenen Willen zu folgen. »Das Reich Gottes ist nicht Essen und Trinken, sondern Gerechtigkeit, Friede und Freude im Heiligen Geist« (Röm 14,17), wie sie in der Tischgemeinschaft mit Jesus und im Abendmahl zuteil werden. Gerechtigkeit und Friede sind keine ethischen Zielangaben, die Menschen in die Tat umsetzen könnten.

II. Bedeutungsverlust durch falsche Zuschreibungen

»Reich« und »Herrschaft« sind vielfältig konnotiert worden, meistens durch politische Zuschreibungen. Als gottgemäßer Herrschafts- und Einflussbereich tönt »Reich Gottes« imperial, wenn nicht gar imperialistisch – auf Unterwerfung und Ausbreitung bedacht und dabei Gottes Billigung sicher sein. Assoziationen der Gottesherrschaft mit »Macht« und »Gewalt« sind auch in Kirche und Theologie oft in Anspruch genommen worden; sie wurden besonders für das Verhältnis des politischen Gemeinwesens zur Kirche ausgestaltet und dabei nicht selten verzerrt.

Die Geschichte des Begriffs »Reich Gottes« ist buntscheckig.

Die Geschichte des Begriffs »Reich Gottes« ist buntscheckig.[4] Sie reicht von Unternehmungen, die das Ideal gottgemäßer Herrschaft in einem Gemeinwesen oder einer Region abbilden wollten und dabei in despotische Verzerrungen abglitten (wie etwa im »Täuferreich von Münster« in den 1530er Jahren), bis zu politischen Ereignissen oder Bewegungen, gedeutet als Anzeichen des anbrechenden Reiches Gottes im Kampf gegen Ungerechtigkeit, Unfrieden und Unheil (beispielsweise Christoph Blumhardt in den Jahren ca. 1898–1906 u. a. bei seinem Eintreten für die Sozialdemokratie). Oder Gottes Reich wurde verinnerlicht: Es kommt

---

[4]   Vgl. die Dokumentation von Ernst Staehelin, Die Verkündigung des Reiches Gottes in der Kirche Jesu Christi, 5 Bde., Basel 1951–1959 (bis zur Mitte des 18. Jhs), und für ein Teilgebiet: Emanuel Hirsch, Die Reich-Gottes-Begriffe des neueren europäischen Denkens. Ein Versuch zur Geschichte der Staats- und Gesellschaftsphilosophie, Göttingen 1921.

in einem Gesinnungswandel zum Zuge, der sich in der Nächstenliebe als Echo zur Liebe Gottes zu allen Menschen äußert.

»Herrschaft« konnte einstmals auch schlicht einen Bereich
bezeichnen, dem Menschen zugehören. »Bündner Herrschaft« ist
der Name einer geographischen Region, dem Tor zum Bündnerland
in der Schweiz. Oder es hieß: »einer Herrschaft zu eigen sein«,
ihr angehören – ohne Assoziation mit »leibeigen« oder »versklavt
sein«. Der Schweizer Nikolaus von der Flühe (1417–1487) betete
täglich: »Mein Herr und mein Gott, nimm alles von mir, was mich
hindert zu dir. Mein Herr und mein Gott, gib alles mir, was mich
fördert zu dir. Mein Herr und mein Gott, nimm mich mir und gib
mich ganz zu eigen dir.« Der Verwerfungssatz zur zweiten These
der »Barmer Theologischen Erklärung« (1934): »Wir verwerfen
die falsche Lehre, als gebe es Bereiche, in denen wir nicht Jesus
Christus, sondern anderen Herren zu eigen wären [...]« richtete
sich gegen die diktatorische Gewaltherrschaft eines totalitären
Staates; mit dem Etikett »Tausendjähriges Reich« wurde dem
»Dritten Reich« eine Beglückung des eigenen Volkes dadurch ver-
sprochen, dass es sich anderer Staaten bemächtigt.

Durch solchen Missbrauch von »Reich« und »Herrschaft«,
zumal in den letzten beiden Jahrhunderten, sind »Herrschaft«
und »Reich« fragwürdige, ja, negativ besetzte Begriffe geworden. Durch die Konnotation von »Reich« mit Herrschaft, Ge-
waltausübung und Machtinteressen gerieten sie unter Miss-
brauchsverdacht. Kirche und politische Herrschaft erschienen
oft miteinander verwoben oder als zwei verschieden aufgebaute
Machtbereiche, die füreinander gedeihlich wirken sollten, aber
oft um das Vorrecht der Weisungshoheit stritten. Dies hat viel
Leid und kirchliche ebenso wie politische Zerrüttung verursacht.
Mit der wachsenden Kritik an unrechtmäßiger Herrschaft, an
autoritärem Umgang mit Menschen oder am Fehlen einer »herr-
schaftsfreien Kommunikation«[5] schwand auch der Bedeutungs-
reichtum, der mit »Herrschaft« und »Reich« verknüpft gewesen
war, und das daraus entstandene geschichtliche Erbe wurde über
Bord geworfen.[6]

---

[5] Ein elementarer Bestandteil der »Theorie des kommunikativen Handelns« von Jürgen
Habermas, Frankfurt a. Main 1981, häufig als Schlagwort entlehnt, auch von Theologen.

[6] Dies kann hier nur angedeutet werden. Eine Problemzone ist die Legitimation von Macht-
ergreifung und die Repräsentation von Macht und Herrschaftsanspruch im 20. Jh. Vgl.
dazu die Untersuchung von Roger Mielke, Eschatologische Öffentlichkeit. Öffentlichkeit
der Kirche und Politische Theologie im Werk von Erik Peterson, Göttingen 2012, bes. 4. Kapitel: »Macht und Mächte«. Mielke skizziert auch die »im emphatischen Sinne kritische
Theologie« der 1960er Jahre, die »gegen jede Form von politischer Autorität« so zu Felde
zog, dass revolutionäre Praxis legitimiert werden konnte: 143–144.

Ein Beispiel: In ihrer Predigt zum diesjährigen Fest Christi Himmelfahrt sprach eine Pfarrerin auch von der Inthronisation Jesu Christi als Mitregenten Gottes, wie sie im sog. Apostolischen *Credo* umrissen wird: »Er sitzt zur Rechten Gottes, des allmächtigen Vaters« und nimmt so an dessen Herrschaft teil. Obwohl die Predigerin ausdrücklich ausgeschlossen hatte, dass die Gottesherrschaft eine Untertanenmentalität und Unterwerfung begünstige, wurde am Wort »Herrschaft« Anstoß genommen. Es könne heutzutage, so wurde ihr entgegengehalten, für einen aufgeklärten Sprachgebrauch nur noch befremden.

Warum? »Herrschaft« wird meistens – zunehmend auch in der Kirche – nur noch mit »Macht« und »Gewalt« oder zumindest mit »Über- und Unterordnung« assoziiert: Sie verschafft sich die Fremdbestimmung derer, die ihr unterworfen oder unterstellt sind. Herrschaft schränkt die individuelle Freiheit ein, wenn sie nichts von ihrer Macht abgeben will. Sie lässt keine vollständige Selbstbestimmung zu. Darum befinden sich Selbstbestimmung und Fremdbestimmung ständig in verborgener oder offener Auseinandersetzung.

»Herrschaft Gottes«, eingezwängt zwischen Selbst- und Fremdbestimmung, ist ein substanzarmes Wort geworden.

Lässt dieses verflachte Schema »Selbstbestimmung/Fremdbestimmung« noch sprachlichen Raum für das Gebet um das Kommen der Herrschaft Gottes? »Herrschaft Gottes«, eingezwängt zwischen Selbst- und Fremdbestimmung, ist ein substanzarmes Wort geworden. Wie oft wird es, weil es in der kirchlichen Liturgie erhalten blieb, nur noch routiniert nachgesprochen!

Der Bedeutungsschwund von »Reich« und »Herrschaft« in der Theologie ist indessen noch tiefer verwurzelt. Die Tendenz zeichnet sich ab, ein Königtum Jesu Christi als Gottes Menschwerdung, seiner Erniedrigung und seiner Ohnmacht fernstehend, vielleicht sogar entgegenstehend, anzusehen, wenn es nicht als Mitmenschlichkeit begriffen werden könne. In liturgischen Gebeten wird Jesus vielleicht noch als »Herr und Bruder« angeredet, lieber nur als »Freund und Bruder«. Die Leidenden am Wege Jesu haben jedoch gerufen »Herr, erbarme dich meiner!« Nicht: »Lieber Menschenbruder, hilf mir!«

Der Schwerpunkt der Dogmatik ist allmählich zu einem einseitigen Verständnis der Inkarnation verlagert worden: Mit der Geburt Jesu erniedrigt sich Gott zum Menschsein. Doch dagegen spricht, dass erst mit der Passion Jesu und der Auferweckung des Gekreuzigten die Geschichte Jesu Christi anhebt, auf die die christliche Theologie ausgerichtet sein sollte. Durch die Erhöhung (die Deutschschweizer sagen »Auffahrt«) Jesu zum Κύριος Χριστός *(Kýrios Christós)* wurde er zum Teilhaber der Gottesherrschaft. Sie versetzt die Menschen, die seinem Ruf folgen und an ihn glauben, in die Lebensgemeinschaft mit Gott. »Die Erhöhung der Menschen in das Leben Gottes ist die befreiende Botschaft des Evangeliums«.[7]

Die Anrufung »Herr, erbarme dich – Christus, erbarme dich!« in vielen gottesdienstlichen Liturgien, wiederholt inhaltlich die Bitte »Dein Reich komme!« Denn mit ihr verneigen wir uns vor dem Erbarmer, der gebeten wird, rettend in eine ausweglose Notlage einzugreifen und uns aus ihr von Grund auf zu erlösen.

In der östlich-orthodoxen Kirche ist der erhöhte, herrschende Christus in jedem Gotteshaus auch bildlich gegenwärtig: Der Pantokrator als Weltenrichter – das Gegenbild zur Ikonographie der antiken Staatsgewalt. Der Blick auf den herrschenden Christus in der Apsis romanischer Kirchen hat immer auch sein Kreuz im Visier. Jesus Christus ist der Gerichtete, der Richtungsgebende und der Richtende. »Von dort« wird der Kyrios als Richter kommen, wie es zum Schluss des zweiten Artikels des *Credo* heißt, was keinesfalls bedeutet, dass er bis dahin in himmlische Fernen entschwunden wäre. Dieser Advent vollendet seine Geschichte: Die Lebenden und die Toten werden nun vor ihm »offenbar« und für sich selbst klar werden.

Wo das »Reich Gottes« als Herrschaft Christi seine Bedeutung sprachlich und inhaltlich einbüßte, hat die Bitte »Dein Reich komme!« ihre eschatologische Perspektive verloren und rückt einer Glaubens- und Hoffnungskrise nahe. Warum sollte sie überhaupt noch gebetet werden? – Diese Krise kann nur durchstanden und überwunden werden, wenn die Botschaft von Gottes *bleibender, schöpferischer Nähe* von neuem ausgerichtet wird und Gehör findet.

III. Die Nähe des Reiches Gottes

»Dein Reich komme!« im Munde Jesu ist eine Bitte, die *darauf beruht und zugleich sich darauf richtet*, dass dieses Reich nahe ist. Begründet wird diese Bitte in der Verkündigung Jesu: »Erfüllt ist die Zeit, und genaht hat sich das Reich Gottes. Kehret um und glaubet an die frohe Botschaft.« (Mk 1,15)

»Erfüllt ist die Zeit«: Es ist soweit, dass Gott uns als Herrscher nahekommt, ja, uns als unser Herrscher gebietend und erlösend nahetritt. Dass Gottes Reich komme – nicht nur zu uns, sondern zu aller Welt –, wird erbeten in der Bereitschaft, es einzulassen, von ihm aufgenommen zu werden und sich ihm auszusetzen. Jesus kündigte das Nahen des Reiches Gotts nicht nur an. Er brachte es so nahe, dass nichts mehr zwischen ihm und uns stehen kann. In ihm ist das Reich Gottes gegenwärtig.

> *»Dein Reich komme!« im Munde Jesu ist eine Bitte, die darauf beruht und zugleich sich darauf richtet, dass dieses Reich nahe ist.*

---

[7] Ingolf U. Dalferth, Auferweckung. Plädoyer für ein anderes Paradigma der Christologie, Leipzig 2023, Rückseite des Einbandes, vgl. 150, 152–153, 166–167.

Das Reich ist im Kommen – darum soll um sein Ankommen gebetet werden. Darin besteht die Innenspannung der Nähe des Reiches Gottes: Sein Kommen ist ein Moment der Zeit, die durch Jesu Kommen in die Welt qualifiziert worden ist. Es hat vor sich, was werden soll (*futurum*) – überraschend ist es da *(adventus)*. Weil (nicht: obwohl) Gott es verheißen hat, kommt es auf unerwartete Art und tritt überwältigend in Erscheinung, wie die Gleichnisse Jesu erzählen.

Die freudebringende Botschaft vom Nahen des Reiches Gottes soll für dieses Kommen aufschließen, darauf vorbereiten und uns bereit machen, es so zu empfangen, wie es uns begegnet – und dies bedeutet auch: mit all seiner Eigenart, die uns befremden und aufstören mag. In der Bitte »Dein Reich komme!« will betont werden, dass wir des *Reiches Gottes* gewärtig sein wollen, mit seiner ureigenen Geschichte. Gottes Reich naht sich als Störung aller Wunschvorstellungen von diesem Reich, die wir uns angeeignet haben.

Gottes Reich naht sich als Störung aller Wunschvorstellungen von diesem Reich, die wir uns angeeignet haben.

Die Frage, wann Gottes Reich komme, beantwortet Jesus nicht mit einer Zeit- und Ortsangabe: »Das Reich Gottes kommt nicht mit äußeren Zeichen; man wird auch nicht sagen: Siehe, hier! Oder: Da!« (Lk 17,20–21) Die Nähe des Reiches Gottes ist nicht raum-zeitlich zu bemessen. Jesus ruft auf, das Reich *wahrzunehmen*, wie es sich selbst zeigt – nicht als ein Herrschaftsgebiet oder als eine Machtdemonstration, sondern als eigentümliche Präsenz, die erschlossen werden will. Sie bedarf dafür einer von Grund auf erneuerten Wahrnehmungsfähigkeit: »um zu prüfen [und zu erproben][8], was Gottes Wille ist, das Gute und Wohlgefällige und Vollkommene« (Röm 12,2). Quer zu allen landläufigen Vorstellungen, wie Macht sich durchsetzt oder erzwungen wird und wie Herrschaft errichtet und behauptet werden kann, ist Gottes Reich präsent: »Sehet, es ist mitten unter euch«. (Lk 17,21) Macht Jesus damit nicht auf sich selbst als den verborgenen Herrn aufmerksam? Das Da-Sein des Reiches Gottes ist das Geheimnis der Gegenwart des Κύριος Χριστός.

Der Botschaft von der Nähe des Reiches entspricht in den neutestamentlichen Briefen die Verkündigung der Gegenwart des kommenden Christus, des »Seins in Christus« und der Hoffnung des Lebens mit ihm. Die Neue Schöpfung (2Kor 5,17) wird als befreite Geschichte erst erschlossen, sosehr auch Gottes Herrschaft im auferweckten und erhöhten Jesus Christus schon gegenwärtig ist.

---

[8] Siehe Hans G. Ulrich, Wie Geschöpfe leben. Konturen evangelischer Ethik (Ethik im theologischen Diskurs, 2), Münster 2005, 41–43.

IV. Zeitansage als Krisensymptom

Mk 1,15 wurde als Parole des diesjährigen Kirchentages ausgerufen – allerdings so übersetzt, dass der Duktus des griechischen Textes in eine *Zeitansage*[9] umgewandelt wurde: »Jetzt ist die Zeit: Gottes gerechte Welt ist nahe. Kehrt um und vertraut der frohen Botschaft«. Gemeint ist offensichtlich: Auf der Hand liegt, was an der Zeit ist, wofür es höchste, vielleicht die allerletzte Zeit ist, um ins Werk zu setzen, was zurechtbringen und retten kann. Dafür bedarf es einer Umkehr vom bisher begangenen Weg der Lebens- und Weltgestaltung, wohl auch eines gesteigerten Tempos für eine Umgestaltung. Denn – so der drohende moralische Unterton – wenn dies nicht schnellstens und nachhaltig geschehe, werde die Krise zur Katastrophe, und zwar zu einer Katastrophe, die nicht mehr zum Guten gewendet werden könne.

»Gottes gerechte Welt« ist jedoch keine Übersetzung von »Reich Gottes«. Vielmehr wird die Gottesherrschaft zu einer Welt umgedeutet, die von jeglicher Ungerechtigkeit befreit werden soll, die als soziale und ökonomische Ungleichheit definiert ist. »Reich Gottes« wird als »Gottes gerechte Welt« aufgeteilt in Handlungsbereiche, die in Angriff genommen werden sollen, als Bestandteile einer verbesserungsfähigen, nicht einer erlösungsbedürftigen Welt. »Vertraut der frohen Botschaft« soll bedeuten, dass diese »alternativlosen« Verbesserungen im Sinne Gottes seien und dass auf seine Unterstützung vertraut werden könne. Gottes Verheißungen – Friede, Gerechtigkeit, Erlösung, gelobte Heimat – sind aber keine Blaupausen für Umgestaltungen der Weltverhältnisse. Der unaufhörliche Aktivismus, der mit solchen Anstrengungen verbunden ist, hat kein Ohr für die Verheißung der Gottesruhe (Hebr 4,9–10). Sie durchbricht das Missverständnis, Gottes Verheißungen seien Vorgaben, die wir zu verwirklichen hätten. Sie unterbricht unser rastloses Tun, um es auf Gott auszurichten.

Zeitansagen sollen schreiende Missstände und beängstigende Fehlentwicklungen als Krisen benennen. Die Ansagen wollen eine breite Öffentlichkeit dazu drängen, sich längst angebahnter oder scheinbar plötzlich auftretender ökologischer, ökonomischer und sozialer Verschlechterungen energisch anzunehmen, damit sie abgewendet oder zumindest abgemildert werden können. Zur Krisenbewältigung werden zeitliche und inhaltliche Ziele festgeschrieben, die den Eindruck erwecken sollen, die wachsenden Schwierigkeiten beseitigen zu können. So wird ein Handlungsdruck aufgebaut, aus dem weitere Krisen erwachsen, wenn Teil-

---

[9] Eingangsstatement von Präsidiumsmitglied Bettina Limperg in der Pressekonferenz am 18. Oktober 2021 für den Deutschen Evangelischen Kirchentag, Nürnberg 2023.

ziele nicht erreicht werden. »Krise« ist inzwischen zum Reizwort geworden, das leicht dramatisiert werden kann.

In der Medizin heißt »Krise« die Zeitspanne einer Entscheidung, die nicht in unserer Macht steht. An ihrem Scheitelpunkt kann sich eine lebensgefährliche Erkrankung zum Besseren oder zum Schlechteren wenden, zur Heilung oder zum Tode führen. Im fiebrigen Tagesgespräch wird der physische Vorgang mit der einer ethischen Entscheidung vertauscht: Die Krise – »keine war so schlimm wie diese«, hieß es in einem Schlager der 1970er Jahre – erscheint als eine Bedrohung, die mit allen erreichbaren Mitteln und durchgreifenden Anstrengungen in die Hand genommen werden muss, damit sie abgewendet oder sogar in eine Glanzleistung umgewandelt werden kann.

Das Wort »Krise« ist von κρίνειν *(krínein)*: »unterscheiden« und »scheiden« abgeleitet. Die Urteilsbildung, die damit arbeitet, beruht auf Grundunterscheidungen, die Scheidungen und Entscheidungen vorbereiten. Zu unterscheiden ist ein allmählicher Wandel, der eine schrittweise Weiterentwicklung mit dosierten Veränderungen ermöglicht, von einem abrupten Umschwung, einer umwerfenden Veränderung aller Verhältnisse, die aber immer auch genötigt ist, manche Gegebenheiten und Kräfte aus dem bisherigen, verworfenen Zustand zu übernehmen. Die Entscheidung fällt zwischen einem Ausgleich des Wandels mit dem Unwandelbaren und dem Bestreben, sich dem Wandel so anzuverwandeln, dass er um jeden Preis beschleunigt wird[10].

Für das Tagesgespräch ist die Krise, die durch einen militärischen Machtstreich ausgelöst wurde, zur grundstürzenden »Zeitenwende« hochstilisiert worden: »Wir sind heute in einer anderen Welt aufgewacht« (Außenministerin Annalena Baerbock am 24. Februar 2022), »die Welt danach ist nicht mehr dieselbe wie die Welt davor« (Bundeskanzler Olaf Scholz drei Tage später): So hieß es nach dem russischen Einmarsch in die Ukraine, ähnlich war es schon früher zu hören gewesen, in Wendezeiten wie nach dem Ende des Zweiten Weltkrieges, nach dem Fall der Berliner Mauer 1989 wie nach dem 11. September 2001, der terroristischen Zerstörung der Twin Towers in New York. Die Berufung auf eine »Zeitenwende« (Olaf Scholz) sickert in die Zeitstimmung ein; sie suggeriert, dass wir ahnungslos und wehrlos in eine andere geopolitische Konstellation hineingestoßen wurden und dass wir nunmehr genötigt werden, in einer Welt zu leben, die es so noch nie gegeben hat.

---

[10] Odo Marquard spricht von »Beschleunigungskonformismus« und »Beschleunigungsüberbietung«: Universalgeschichte und Multiversalgeschichte, in: Apologie des Zufälligen. Philosophische Studien, Stuttgart 1986, (54–75), 62–63.

Nicht die Welt ist eine andere geworden. Geändert hat sich, wie wir uns in unserer alten, alt gebliebenen Welt vorfinden und wie wir uns nunmehr zu ihr verhalten. Schlagartig anders erscheint, was wir erst jetzt *einschätzen,* was wir im Nachhinein meinen, *gesehen haben zu müssen* und jetzt gegenläufig in Angriff zu nehmen haben. Diese Kehre hat jedoch bestenfalls erst begonnen. Sie darf nicht bloß eine Kehrtwende sein. Sie bedarf einer Erneuerung unseres Wahrnehmungsvermögens, wie Paulus sie der Gemeinde in Rom als geistliche Urteilskraft ans Herz legte. (Röm 12,2)

Für Krisen – dies gilt vor allem für die Klimakrise, mit der die meisten anderen vernetzt oder ihre Anhängsel sind – werden fast durchweg »die anderen« als Schuldige namhaft gemacht. Die eigene persönliche Fehlhaltung oder Verschuldung wird kleingeredet. Da ist viel Selbstgerechtigkeit im Spiel. Moralische Appelle greifen jedoch zu kurz, solange die verkrümmte Selbstwahrnehmung nicht so aufgebrochen wird, dass verzehrende Gewohnheiten aufgegeben werden können und der Verzicht darauf Freude und Dankbarkeit schenkt. Die geistliche Krise besteht darin, dass die eigene Erlösungsbedürftigkeit übersehen wird.

Die Bitte »Dein Reich komme!« trifft unsere eigenen Nöte. Sie trifft auch das oft hitzige Tagesgespräch und bagatellisiert keinen Umstand, der davon herrührt, dass die Menschheit in tragischer Weise Opfer ihrer eigenen Erfolge geworden ist. Die erhebliche Verbesserung des Lebensstandards in vielen Regionen der Erde ist unweigerlich verknüpft mit der weitreichenden Bedrohung der Lebensgrundlage der Menschheit. Die Bitte »Dein Reich komme!« ist verschränkt mit dem Vertrauen, dass Gott seine Menschheit vor ihrer Selbstvernichtung retten kann und zugleich seine Schöpfung, die von dieser Menschheit so sehr geschädigt worden ist und weiter missbraucht wird. In solchem Glauben ist die Bitte nicht Floskel, sondern Flehen. Und ohne dieses Flehen auch keine Umkehr.

> *Die geistliche Krise besteht darin, dass die eigene Erlösungsbedürftigkeit übersehen wird.*

V. Gottes Königsmacht als Leitung, Führung, Fürsorge und Klarheit

Gottes Herrschen setzt mit seiner schöpferischen Vergebung ein. Sie befreit von einer »blinden Lebensbehauptung«, von der abgrundtiefen Besorgnis um das eigene Leben und ihre schädlichen Folgen. (Mt 5,25–26)[11] Sie öffnet verschlossene Ohren, schenkt getrübten oder verblendeten Augen klare Sicht: »Wer Augen hat zu sehen und Ohren hat zu hören, wird [...] auf den steten Druck

---

[11] Vgl. Ulrich, Wie Geschöpfe leben, 361–364.

hingewiesen, den Gottes beherrschende, befreiende und erfül-
lende Zielsetzung und Macht auf die Gestalt der Dinge ausübt, die
da kommen sollen.«[12] Die Neue Wirklichkeit des Reiches Gottes
übt einen Druck aus, der durch die Begegnung mit Jesus Christus
entsteht, weil sie die gewohnte Wahrnehmung der Wirklichkeit in
Frage stellt. Sie stört unsere Vorstellungen von Gottes Reich auf
und führt uns zum nahenden Reich hin.

Als Gebet ist die Bitte »Dein Reich komme!« in der Krise le-
bensnotwendig, weil sie alle Bemühungen um Krisenbewältigung
dem Ankommen Gottes anheimstellt – im Unterschied zu allen
Gestaltungen der Gottesherrschaft als politische Gebilde oder
umwälzende soziale Entwicklungen. Als Gebet verleitet die Bitte
auch nicht dazu, die richtungsweisende Geste Christi allein auf
die Kirche gerichtet zu sehen. Der Kirche kommt nur zu, in der
weitgespannten Nähe Gottes leben zu können und dort um das
Kommen seines Reiches zu bitten. Weder repräsentiert sie Gottes
Herrschaft noch breitet sie sein Reich aus. Sie bezeugt es, indem
sie sich an Gottes beständige Treue hält, gerade in Krisenzeiten.

Gottes Fürsorge zeigt sich in dem, was er uns anvertraut,[13] damit wir seinen Willen ausführen. Wir sollen es treulich verwalten
und damit so umgehen, dass es Gottes Absicht entsprechend ge-
deihen kann. Seine Fürsorge äußert sich auch in seinen Geboten,
mit denen er uns vor Unrecht und Untreue bewahren will.

Die Bitte »Dein Reich komme!« beruht auf der schon genannten
theologischen Grundunterscheidung von *adventus* und *futurum*.[14]
Adventus ist Gottes Ankunft in seiner in Christus vollendeten Verheißung, die in ihrer Fülle eine neue Zukunft erschließt. *Futurum*
ist das Werdende: was vor uns liegt als Fortsetzung des Gewesenen
mit seinen weiterwirkenden Verhängnissen und ihren nicht aus-
geschöpften Möglichkeiten. Doch wieweit haben wir uns unsere
Zukunft geschaffen? Wohl bringt sie hervor, was wir vorbereitet
und angestoßen haben, sie erschöpft sich aber nicht darin. In
dieser Zukunft kommt Gott souverän handelnd auf uns zu.

Gottes Herrschaft als Klärung durchbricht die Zwielichtigkeit
einer Situation, die zwischen Wandel und Beharrungsvermögen

Der Kirche kommt nur zu, in der weitgespannten Nähe Gottes leben zu können und dort um das Kommen seines Reiches zu bitten.

---

[12] Paul Lehmann, Christologie und Politik. Eine theologische Hermeneutik des Politischen, Göttingen 1987, 115; übersetzt von Gebhard Löhr und Peter Maurer aus: P. Lehmann, The Transfiguration of Politics, New York 1975, 234.
[13] Vgl. Georgio Agamben, Herrschaft und Herrlichkeit. Zur theologischen Genealogie von Ökonomie und Regierung (Homo Sacer II.2), aus dem Italienischen von Andreas Hiepko, Frankfurt a. Main ⁴2022, 37–39 zu »oikonomia«.
[14] Zu dieser Unterscheidung s. auch Knud Henrik Boysen, Eschatologisches Denken. Ein theologischer Essay über Kategorien, Typen und Interaktionen profaner und christlicher Gegenwartsdeutung, Leipzig 2021, 99–106.

haltlos hin- und herpendelt. Sie sorgt für klare Unterscheidungen, die helfen, Entscheidungen zu treffen.

Das Gebet »Dein Reich komme!« bewerkstelligt die göttliche Klärung nicht. Es setzt den Beter, die Beterin dem *adventus* dieser Herrschaft aus. Wenn wir uns vor Gott bringen, können die Gedanken, die wir in uns tragen, erschlossen, unsere Vorstellungen durchleuchtet und unser Blick kann geklärt werden: »Wem gehöre ich an, wem gehöre ich, wem bin ich zu eigen?« Was auf uns und vor uns liegt, wird durchsichtig für Gottes Handeln. Eine solche Klarheit der Wahrnehmung ist Vorschein der Herrlichkeit Gottes: »Morgenglanz der Ewigkeit.« (EG 450)

Jesus Christus wurde erhoben, erhöht, ermächtigt zum Mitregieren. Er wurde eingesetzt, um die Menschen zu führen und zu leiten in der Endzeit, in der Zeit, die als seine Geschichte qualifiziert wurde. Die Himmelfahrt Jesu leitet zu seiner »Herrschaft« in »Herrlichkeit«, der Strahlkraft der göttlichen δόξα *(dóxa)*. Sie ist nicht imperialer Glanz und Gloria. Sie ist kein kaltes Licht, erreicht auch nicht bloß Durchschaubarkeit, sondern schafft strahlende, bergende Klarheit. Diese Klarheit ist die Mitgift der Freiheit, zu der Christus befreit. Sie erhellt das Dunkel, das uns so oft umgibt und in dem wir uns vorantasten, und sie durchdringt die Unklarheit über uns selbst.

Erst am unterscheidenden und entscheidenden »Tag des Herrn«, dem »Jüngsten Tag«, »wirst du dein Leben verstehen« (Christoph Blumhardt), auch unser verborgenes Leben mit Christus in Gott (Kol 3,3) Wir werden vor Gott klar werden, ja, verklärt werden, und uns klar werden über uns selbst, werden uns erkennen, wie wir von Gott erkannt sind. (1Kor 13,12)

In der Doxologie, in die das Gebet der Christenheit einmündet, werden »das Reich«, »die Kraft« und »die Herrlichkeit« Gottes zusammengeschlossen. Im Gebet strahlen sie auf die Betenden aus.

Prof. Dr. Gerhard Sauter (geb. 1935), lehrte zuletzt Systematische und Ökumenische Theologie an der Rheinischen Friedrich-Wilhelms-Universität Bonn. Seit 2000 ist er emeritiert.

Theologie für die Krise?[1]

Eine kleine Erinnerung an die Entstehung von Karl Barths Theologie in Krisenzeiten

von Marco Hofheinz

Martin Sallmann zum 60. Geburtstag

1. Einleitung

Corona-Krise, Klimakrise, Missbrauchskrise, Demokratiekrise, Regierungskrise, Ukrainekrise – die Krisensemantiken scheinen gegenwärtig in beinahe täglicher Taktung neu bedient und angereichert zu werden. Die Reihung der multiplen Krisen könnte jedenfalls beliebig lang fortgesetzt und um zigfache Konstellationen ergänzt werden, so will es jedenfalls scheinen. Die Krise dürfte eine »Polykrise« sein. Gerade eben noch scheint die eine Krise, etwa die Corona-Pandemie, durch mehr oder weniger gelungenes gesellschaftliches Krisenmanagement überwunden zu sein, schon fordert die nächste Krise die »Risikogesellschaft« (Ulrich Beck) neu heraus.[2] »Risikogesellschaft im Stresstest« – so titelte in der Coronakrise Traugott Jähnichen.[3] Die Krise scheint sich in unseren Tagen zu einem Dauerphänomen auszuwachsen, gewissermaßen zu einer Krisenpermanenz. Bei Lichte betrachtet, ist das Phänomen nicht wirklich neu,[4] vielmehr erweist sich die gesamte Moderne (nicht erst die Spätmoderne)[5] als eine Zeit der Krise – so zumindest die Soziologen Franz-Xaver Kaufmann und Stephan Lessenich vor ein paar Jahren.[6]

> *Die Krise scheint sich in unseren Tagen zu einem Dauerphänomen auszuwachsen, gewissermaßen zu einer Krisenpermanenz.*

Schaut man auf die Theologiegeschichte der letzten hundert Jahre – so bildet der Begriff »Krise« ebenfalls keine Unbekannte. Vielmehr wurde sie titelgebend für eine theologische Bewegung,

---

1 Für kritische Rückmeldungen und eingehende Beratung zu diesem Aufsatz danke ich meinem Mitarbeiter Dr. Kai-Ole Eberhardt, Pfr. Jens Heckmann und meinem Kollegen Prof. Dr. Stefan Heuser.
2 Ulrich Beck, Risikogesellschaft. Auf dem Weg in eine andere Moderne, Frankfurt a. Main 1986. Beck (a. a. O., 25) zufolge geht »die gesellschaftliche Produktion von Reichtum systematisch einher mit der gesellschaftlichen Produktion von Risiken.«
3 Traugott Jähnichen, Risikogesellschaft im Stresstest. Die Coronapandemie als Herausforderung gesellschaftlichen Krisenmanagements, in: ZEE 64 (2020), 163–169.
4 Zur Selbstwahrnehmung moderner Gesellschaften seit der frühen Neuzeit vgl. den Band: Rudolf Schlögl u. a. (Hrsg.), Die Krise in der frühen Neuzeit, Göttingen 2016.
5 Vgl. Andreas Reckwitz / Hartmut Rosa. Spätmoderne in der Krise. Was leistet die Gesellschaftstheorie?, Berlin ²2021.
6 Franz-Xaver Kaufmann / Stephan Lessenich, Die Moderne ist das fortgesetzte Stolpern von Krise zu Krise, in: Zeitschrift für Sozialreform 61 (2015), 129–146.

die Kirche und Universität für die nächsten Dezennien prägen sollte. Gemeint ist die sog. Dialektische Theologie – auch, zuallererst wohl von Paul Tillich,[7] »Theologie der Krise« bzw. »Theologie der Krisis« genannt. Ihre Schulhäupter, Friedrich Gogarten[8], Rudolf Bultmann[9], in gewisser Weise auch Paul Tillich[10] selbst und vor allem Karl Barth, um den es im Folgenden vor allem gehen soll, bemühten den Begriff zu Beginn der 1920er Jahre geradezu inflationär oft. Bei ihnen lässt sich in die Schule gehen. So hat es zumindest zuletzt der Wiener Systematiker Ulrich H. J. Körtner gefordert: »In der gegenwärtigen Lage ist es hilfreich, an jene Theologie der Krise zu erinnern, die nach dem Ersten Weltkrieg unter dem Namen der Dialektischen Theologie für einen theologischen Neuaufbruch sorgte.«[11] Das Jubiläum des 100-jährigen Erscheinens von Karl Barths zweitem Römerbrief (1922) lädt dazu ein. Dieser Einladung folgen meine Ausführungen, die an den theologischen Aufbruch vor 100 Jahren erinnern möchten, dies freilich nicht absichtslos tun, sondern nach Orientierungspotential für die Gegenwart fragen.

2. Die Krise im und nach dem Ersten Weltkrieg

Zur Erinnerung: Die Niederlage des Ersten Weltkrieges, die Novemberrevolution 1918/19 und der vielfach als »Schande« empfundene Versailler Vertrag (1919) führten Deutschland und kirchenpolitisch den Protestantismus in eine schwere Identitätskrise. Der jahrhundertealte »landesherrliche Kirchenregiment« mit seinem Bündnis von Thron und Altar zerbrach und mit der Entmachtung der Fürsten besaßen auch die Landeskirchen keine Oberhäupter mehr. Die institutionelle Ordnung war hinfäl-

---

[7] Paul Tillich, Kritisches und positives Paradox. Eine Auseinandersetzung mit Karl Barth und Friedrich Gogarten (1923), in: Jürgen Moltmann (Hrsg.), Anfänge der dialektischen Theologie. Teil 1: Karl Barth, Heinrich Barth, Emil Brunner, ThB 17, München [5]1985, (165–174), 166. Dazu: Alf Christophersen, Von der Schwierigkeit, ein Paradox zu akzeptieren. Paul Tillich und die Standortgebundenheit des Religiösen Sozialismus, in: Christian Danz / Werner Schüßler (Hrsg.), Paul Tillich in der Diskussion. Werkgeschichte – Kontexte – Anknüpfungspunkte. FS für Erdmann Sturm zum 85. Geburtstag, Tillich Research Vol. 23, Berlin / Boston 2022, (171–188), 180–188.
[8] Vgl. z. B. den berühmten »Wartburg-Vortrag«: Friedrich Gogarten, Die Krisis unserer Kultur (1920), in: Jürgen Moltmann (Hrsg.), Anfänge der dialektischen Theologie. Teil 2: Rudolf Bultmann, Friedrich Gogarten, Eduard Thurneysen, München [5]1985, 101–121.
[9] Vgl. Rudolf Bultmann, Die liberale Theologie und die jüngste theologische Bewegung (1924), in: Ders., Glauben und Verstehen. Gesammelte Aufsätze. Erster Band, Tübingen [4]1961, 1–25.
[10] Zu Tillich vgl. seine Auseinandersetzung mit Barth und Gogarten über den Begriff des Paradoxes in den Jahren 1923/24, dokumentiert in: J. Moltmann (Hrsg.), Anfänge der dialektischen Theologie 1, 165–197.
[11] Ulrich H. J. Körtner, Theologie und Krise. Eine Thesenreihe darüber, wie heute Theologie sinnvoll gedacht werden kann: https://zeitzeichen.net/node/9609 (Abruf: 8.9.2023).

lig und mit ihr schien auch die finanzielle Basis der Kirche und ihre »geistliche Schulaufsicht« über das Erziehungswesen dahinzuschwinden. Zudem war die politische Macht nach Ansicht vieler, gerade auch in kirchlichen Kreisen, in die Hände linker »Vaterlandsverräter« gelangt. Kein Wunder, dass sich damals die Krise als »das Grundgefühl jener Zeit«[12] ausbreitete. Es ließ auch die Theologie keineswegs unberührt, auch die Theologen der Dialektischen Theologie nicht. Gerne wird sie daher als typisches Produkt der Krisenzeit dargestellt.

Man mag die Dialektische Theologie als eine Erscheinungsform der allgemeinen Krisenstimmung der Weimarer Zeit verstehen,[13] sollte allerdings nicht übersehen, dass die eigentliche persönliche Krisenwahrnehmung zumeist älterer Herkunft war. Selbst bei Gogarten resultiert sie nicht einfach aus der Erfahrung der Niederlage Deutschlands, sondern reicht weiter zurück und ist komplexer.[14] Auch auf Paul Tillichs Fronterlebnisse sei hier ausdrücklich verwiesen.[15] Zudem wird gerne übersehen, dass Barth Schweizer war und dass für ihn nicht etwa der Verlauf und/ oder das Ende des Krieges, sondern bereits dessen Anfang die Ka-

---

[12] Werner M. Ruschke, Entstehung und Ausführung der Diastasentheologie in Karl Barths zweitem »Römerbrief«, NBST 5, Neukirchen-Vluyn 1987, 148. So auch Dietrich Korsch, In den 1920er Jahren, in: Michael Beintker (Hrsg.), Barth Handbuch, Tübingen 2016, (424–430), 424: »Das herrschende Bewusstsein nach dem Ersten Weltkrieg – in Deutschland und auch, wenngleich milder, in der Schweiz – war das Bewusstsein einer Krise.« Die Krisenbeschreibungen variierten jedoch signifikant.

[13] So etwa nachdrücklich Trutz Rendtorff, Kirche und Theologie, Die systematische Funktion des Kirchenbegriffs in der neueren Theologie, Gütersloh 1966. Zur Theologie in der Weimarer Zeit vgl. Marco Hofheinz / Hendrik Niether (Hrsg.), Glaubenskämpfe zwischen den Zeiten. Theologische, politische und ideengeschichtliche Konzepte in der Weimarer Republik, Weimarer Schriften zur Republik Bd. 22, Stuttgart 2022.

[14] Das Verhältnis Gogartens zum Krieg lässt sich nicht auf eine einzige Krisenerfahrung reduzieren. Bis 1916 war Gogarten dem Krieg gegenüber sehr positiv gesonnen. Er sah darin einen ernsthaften Prozess der Selbstfindung und Entwicklung des deutschen Volkes, gleichsam eine geistige, innere Reformation nach dem Kriegserlebnis bzw. eine von Gott gesandte Befreiung von einer allzu bürgerlichen und dem Leben entfremdeten Gesellschaftshaltung. Krieg bekommt bei Gogarten dabei einen Offenbarungscharakter. Er selbst war aus gesundheitlichen Gründen ausgemustert worden und hat den Krieg nicht aus erster Hand erlebt. Vgl. dazu gestützt auf Predigtzitate D. Timothy Goering, Friedrich Gogarten (1887–1967). Religionsrebell im Jahrhundert der Weltkriege, Ordnungssysteme 51, Berlin / Boston 2017, 71–76. Ab 1916 setzt sich bei Gogarten immer stärker die Deutung des Krieges als eine Katastrophe durch. Eine Rückkehr zur Religion wird zusehends als der Ausweg aus der von Menschen ausgelösten Krise des Krieges gedeutet. Vgl. T. Goering, Religionsrebell, 78 f.; Matthias Kroeger, Friedrich Gogarten. Leben und Werk in zeitgeschichtlicher Perspektive. Bd. 1 [Bd. 2 und 3 nicht erschienen], Stuttgart u. a. 1997, 158; 161–165. Zur Frühphase Gogartens vgl. jetzt: Kai-Ole Eberhardt, »Lutherworte« zum Reformationsjubiläum von 1917. Eine theologiegeschichtliche Studie zur Lutherentdeckung Friedrich Gogartens und dem fruchtbaren Scheitern einer Lutherausgabe, in: ZDTh 39 (2/2023). Diese Hinweise zu Gogarten verdanke ich meinem Mitarbeiter Dr. Kai-Ole Eberhardt.

[15] Vgl. Jan Rohls, Die deutsche protestantische Theologie und der Erste Weltkrieg, in: Mitteilungen zur kirchlichen Zeitgeschichte (MKiZ) 8 (2014), (11–58), 11.

tastrophe abbildete,[16] zumal er – auch und gerade in Gestalt der Kriegsbegeisterung seiner »liberalen« Lehrer – die Instrumentalisierung Gottes zur theologischen Legitimation des Krieges im nationalen Interessen offenkundig werden ließ.

Ja, man wird die Konstellation der theologischen Urteilsbildung bei Barth genauer unter die Lupe nehmen müssen, um den Modus seiner theologischen Krisenbearbeitung angemessen wahrnehmen und würdigen zu können. Sein eigener Gebrauch des Krisenbegriffs ist aufschlussreich hinsichtlich der Ausprägung seiner Theologie der Krise. Ihm soll im Folgenden nachgegangen werden.

3. Theologie für die Krise statt Theologie der Krise – Barths Krisenbegriff

Der junge Barth hat bekanntlich zwei Römerbriefkommentare verfasst, mit denen er gleichsam über Nacht national und international bekannt wurde. Der Umstand, dass er nach dem ersten Versuch, dem ersten Römerbriefkommentar (Röm I), der 1919 erschien, kurze Zeit später nach eigenem Empfinden nochmals neu ansetzen musste und den zweiten Römerbriefkommentar (Röm II) verfasste, der drei Jahre später (1922) publiziert wurde, hat entscheidend mit der Krisis zu tun: »Barth fand, er sei mit dem ersten Wurf zu schnell wieder beim *Leben*, vorschnell durch die Schranken des Gerichts hindurch gewesen – bzw. noch gar nicht in der ›Krisis‹.«[17]

Wenngleich der Begriff »Krise« in Röm I im Gegensatz zu Röm II nur ein einziges Mal vorkommt, so wird er dort doch in derselben Weise gebraucht, wie später in Röm II. Barth spricht bereits in Röm I von »der Krisis [...], in der alle Menschen aller Stufen immer wieder vor Gott stehen.«[18] Darum geht es Barth im Entscheidenden: um die Situation des Menschen, insofern er mit dem Gericht Gottes, der Krisis, konfrontiert ist. Bruce McCormack hebt hervor: »›Krisis‹ ist also die Bezeichnung eines *permanenten* und *universalen* Merkmals der menschlichen Verfasstheit und nicht eines zeitweiligen oder provisorischen Urteils Gottes über eine bestimmte Kultur.«[19] Es geht im Kern um Gottes Handeln am

Darum geht es Barth im Entscheidenden: um die Situation des Menschen, insofern er mit dem Gericht Gottes, der Krisis, konfrontiert ist.

---

[16] Darauf macht zu Recht Michael Weinrich, Karl Barth. Leben – Werk – Wirkung, UTB 5093, Göttingen 2019, 424f. aufmerksam.
[17] Jürgen Fangmeier, Der Theologe Karl Barth. Zeugnis vom freien Gott und freien Menschen, Basel 1969, 25.
[18] Karl Barth, Der Römerbrief (Erste Fassung) 1919, hrsg. von Hermann Schmidt, Karl Barth GA II/16, Zürich 1985, 441.
[19] Bruce L. McCormack, Theologische Dialektik und kritischer Realismus. Entstehung und Entwicklung von Karl Barths Theologie 1909–1936, übers. von Matthias Gockel, Zürich 2006, 191.

Menschen und seiner Welt. Krisis meint die Situation, in die der Mensch durch Gottes Handeln gerät. Michael Weinrich bemerkt:

>»Häufig wird dieser Begriff [Krisis; M.H.] falsch verstanden: im Sinne eines Vernichtungsurteils, weil er dem neuzeitlichen Erfolgs- und Fortschrittszwang kritisch gegenübertritt. Für Barth steht er dagegen im Dienst der Wiedergewinnung theologischer Sachlichkeit, indem er die Wirklichkeit Gottes und seiner Praxis den Wirklichkeitsvorstellungen gegenüberstellt, die sich der Mensch zum Schutz seiner Praxis zurechtgelegt hat. In der Krisis werden dem Menschen die Augen für die wahre Situation geöffnet. Das Menschliche wir nicht eliminiert, sondern [...] ernst genommen.«[20]*

Im zweiten Römerbrief sagt Barth: »Der wahre Gott ist aber der aller Gegenständlichkeit entbehrende Ursprung der Krisis aller Gegenständlichkeit, der Richter, das Nicht-Sein der Welt.«[21] Gott selbst – heißt es an anderer Stelle in Röm II – ist die »absolute Krisis [...] für die Welt des Menschen, der Zeit und der Dinge.«[22]

Wenn dem aber so ist, dann darf die Welt, dann dürfen auch die geschichtlichen Ereignisse auf ihr sowie deren Deutungen, einschließlich der kulturellen Krisen einer bestimmten Zeit, auch der des Ersten Weltkrieges und der Zeit nach ihm, nicht einfach mit Gott identifiziert werden. Das wäre eine verheerende Umdeutung der eigentlichen Krise. So die Schlussfolgerung, die aus dieser *theologisch* konzentrierten Bestimmung der Krise erwächst.

Das heißt wiederum nach Bruce L. McCormack, der eine vielbeachtete Interpretation zur Genese und Entwicklung von Barths Theologie vorgelegt hat: »Obwohl Barth ein großes Interesse an der Krise der europäischen Kultur nach 1914 zeigte, war dies nicht die Krisis, von der im 2. Römerbrief die Rede ist. [...] Die zeitgenössische Kulturkrise befand sich an der Peripherie, keinesfalls im Zentrum von Barths Überlegungen.«[23] Mit Gerhard Sauter ließe sich sagen, dass diese Kulturkrise in den Entdeckungs- und nicht den Begründungszusammenhang der Theologie gehört.[24] Darauf wird zurückzukommen sein.

---

[20] Michael Weinrich, Der Katze die Schelle umhängen. Konflikte theologischer Zeitgenossenschaft: Anregungen aus der theologischen Biographie Karl Barths, in: Ders., Die bescheidene Kompromisslosigkeit der Theologie Karl Barths. Bleibende Impulse zur Erneuerung der Theologie, FSÖTh 139, Göttingen 2013, (330–395), 370.

[21] Karl Barth, Der Römerbrief (Zweite Fassung) 1922, hrsg. von Cornelis van der Kooi / Katja Tolstaja, GA II/47, Zürich 2010, 118.

[22] A. a. O., 112.

[23] B. L. McCormack, Theologische Dialektik und kritischer Realismus, 193. McCormack sieht genau darin die Differenz zu Friedrich Gogarten. Vgl. ebd.

[24] Zu dieser Distinktion vgl. Gerhard Sauter, Zugänge zur Dogmatik. Elemente theologischer Urteilsbildung, UTB 2064, Göttingen 1998, 333–335.

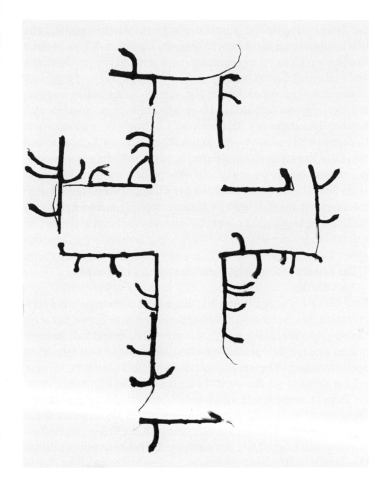

Foto: Rolf Gerlach

Zunächst sei jedoch der Schluss festgehalten, zu dem McCormack kommt: »Wenn Barth je eine ›Theologie der Krise‹ entwickelte, dann geschah es in den zwölf Monaten zwischen August 1914 und August 1915. Seine Predigten aus dieser Zeit zeigen, dass er den Krieg als das Wort des göttlichen Gerichts betrachtet – eine Form von negativer natürlicher Theologie.«[25] Genau davon aber habe sich Barth im Laufe der folgenden Jahre im Zusammenhang

[25] B. L. McCormack, Theologische Dialektik und kritischer Realismus, 195. Zu Barths Kriegspredigten vgl. Dieter Schellong, Theologie nach 1914, in: Andreas Baudis u. a. (Hrsg.), Richte unsere Füße auf den Weg des Friedens. FS Helmut Gollwitzer zum 70. Geburtstag, München 1979, 451–468; Georg Plasger, Der Erste Weltkrieg in den Predigten Karl Barths, in: Hans-Georg Ulrichs (Hrsg.) in Verbindung mit Veronika Albrecht-Birkner, Der Erste Weltkrieg und die reformierte Welt, FRTh 3, Neukirchen-Vluyn 2014, 485–494.

Die Krisis Gottes betrifft nämlich auch die Verwechselung von eigener Kritik an Theologie und Kultur mit Gottes Gericht.

der Erarbeitung beider Römerbriefe durch genuin theologische Urteilsbildung zu distanzieren gelernt. Die Krisis Gottes betrifft nämlich auch die Verwechselung von eigener Kritik an Theologie und Kultur mit Gottes Gericht.

Gegen solche Verwechselungen, die die Krisis Gottes zugunsten der eigenen Vor-Urteile instrumentalisieren, wendet sich Barths »Theologie der Krise«. Genau betrachtet, war sie – wie McCormack hervorhebt – gar keine »Theologie *der* Krise«, sofern diese die Krisen der Zeit gleichsam zur Verkündigung des göttlichen Gerichtswortes stilisierte: »Vielmehr war sie in einem präzisen Sinn Theologie *für* eine Zeit der Krise: Sie versuchte die Aufmerksamkeit des Publikums von den zeitgenössischen Krisen auf *die* Krise, in deren Licht die aktuellen Ereignisse erst verständlich wurden, zu lenken.«[26]

4. Die krisentheologische Weichenstellung im Denken Karl Barths

Natürlich ist hier nicht der Ort, diese m. E. überzeugende Interpretation der Barthschen Krisentheologie (im Sinne besagter Theologie *für* die Krise), wie sie McCormack vorgelegt hat, zu überprüfen und mit Belegen zu versehen. Vieles ließe sich zweifellos noch ergänzen, etwa was ihre christologische Zuspitzung (es geht bei der Krisis ja um das Gerichts Gottes in Jesus Christus!)[27] bzw. die Dialektik von Krisis und Gnade[28] betrifft. Es muss an dieser Stelle unterbleiben. Stattdessen sei nochmals das Augenmerk auf Barths distinkt theologischen Umgang mit der Krisis und der Krisendiagnostik gerichtet, um nach der Orientierungskraft dieses theologischen Denkens zu fragen, das seinerseits selbst Kritik ist, nämlich an einer mangelnden Differenzierung.

Dazu komme ich nochmals auf Gerhard Sauters Distinktion zwischen Begründungs- und Entdeckungszusammenhang der Barthschen Theologie zurück. Sauter bemerkt:

---

[26] B. L. McCormack, Theologische Dialektik und kritischer Realismus, 195.
[27] W. M. Ruschke (Entstehung und Ausführung, 192) spricht von der Krisis als »christologischer Kategorie«. Vgl. K. Barth, Röm II, 101 f.: »*Durch Christus Jesus*‹ beurteilt Gott den Menschen. Das bedeutet Krisis: Verneinung und Bejahung, Tod und Leben des Menschen. Ein Ende ist im Christus erschienen, aber auch ein Anfang, ein Vergehen, aber auch ein Neuwerden, und immer beides der *ganzen* Welt, *allen* Menschen. Denn der im Christus erschienene Erlöser ist auch der Schöpfer aller Dinge, der nichts zurücklässt.«
[28] Für Barth war die Krisis nie nur Gericht, sondern immer die Krisis von Gericht und Gnade. Hier zeigt sich die Dialektik seines Ansatzes. Vgl. dazu Michael Beintker, Krisis und Gnade. Zur theologischen Deutung der Dialektik beim frühen Barth, in: Ders., Krisis und Gnade. Gesammelte Studien zu Karl Barth, hrsg. von Stefan Holtmann / Peter Zocher, Tübingen 2013, 22–39.

»Karl Barth hat sich immer wieder neu mit eiserner Konsequenz darum bemüht, den theologischen Begründungszusammenhang zu unterscheiden von allem, was der Theologie an Herausforderungen und Antworten, an Einsichten und Problemen zuwächst. Die Theologie kann viele Entdeckungen machen [...], sie kann von anderen Wissenschaften, von politischen Bewegungen, auch aus religiösen Bemühungen manches erfahren – aber sie kann aus alledem nicht Theologie lernen. Verschiedenartige Entdeckungszusammenhänge, wie sie uns durch politische und andere Theorien präsentiert werden, dürfen nicht zum theologischen Begründungszusammenhang werden. Ist dieser Unterschied einmal klar, kann man sich je nach Lage der Dinge – und besonders dann, wenn kein Weltanschauungskampf das Feld beherrscht – freimütig Entdeckungszusammenhängen zuwenden.«[29]

Sauter will mit dieser Distinktion hervorheben, dass »[e]ine Theologie des Wortes Gottes [...] nicht aus einer Lagebeurteilung erwachsen [kann], so sehr sie auch in diese Lage hineinsprechen wird.«[30]

Übertragen auf die damalige Krisensituation und Barths eigene Krisendiagnostik zu Beginn des Ersten Weltkrieges: Der Umstand, dass Barth den Ausbruch des 1. Weltkrieges im Jahr 1914 als Krise erfährt, lässt sich als Entdeckungszusammenhang seiner Theologie bestimmen. Barth lernt in den folgenden Jahren, diese Entdeckung theologisch zu bearbeiten. Seine Schriftauslegung spielt dabei eine entscheidende Rolle: »Hätten wir uns doch *früher* zur Bibel bekehrt«[31] – heißt es in einem Brief an seinen Freund Eduard Thurneysen. Anders gesagt, verlernt es Barth im Laufe seiner Beschäftigung mit der Heiligen Schrift regelrecht,[32] seiner Theologie erkenntnisprävalent eine bestimmte Krisenwahrnehmung bzw. Krisendiagnose zugrunde zu legen. Er möchte diese umgekehrt von seiner theologischen Erkenntnis her verstehen. Zeitgeschichtliche Krisenerfahrung und -deu-

---

[29] Gerhard Sauter, Weichenstellungen im Denken Karl Barths, in: EvTh 46 (1986), (476–488), 482. Ähnlich im Anschluss an Sauter auch Eberhard Busch, Weg und Werk Karl Barths in der neueren Forschung, in: ThR 60 (1995), (273–299; 430–470), 283f.

[30] Gerhard Sauter, Das richtige Denken ist das Prinzip der Verwandlung. Karl Barths Bedeutung für den Weg der Theologie, in: ZDTh 2 (1986), (328–351), 334.

[31] So Barth an Thurneysen am 11.11.1918, in: Karl Barth – Eduard Thurneysen. Briefwechsel Bd. 1, 1913–1921, hrsg. von Eduard Thurneysen, Karl Barth GA V/4, Zürich 1973, (299–301), 300.

[32] Dass dieses Erlernen etwas mit der eigenen theologischen Existenz macht, betont zu Recht Stanley Hauerwas (With the Grain of the Universe. The Church's Witness and Natural Theology, Grand Rapids 2001, 176): »From the beginning to the end of the Dogmatics [...] Barth was attempting to show that Christian speech about God requires a transformation not only of speech itself but of the speaker.«

tung und der theologische Begriff von kritischer Negation im Ausgang von Gott selbst müssen – wie Dietrich Korsch betont – sorgfältig unterschieden werden,[33] wobei es Barth auch bei der Negation (»Wir stehen tiefer im Nein als im Ja«[34]) im Sinne seiner distinkten Dialektik um den Modus einer Bezeugung von Gottes Ja geht.[35]

5. Krise als Maßstab? Grundsätzliches zum Verhältnis von Theologie und Zeitdiagnose

Gewiss hatte der junge Barth ein ausgesprochenes Krisen-bewusstsein; im Zusammenhang seiner genuin *theologischen* Urteilsbildung wurde er jedoch dessen gewahr, dass es theologisch unzulässig ist, die Theologie zum Prädikat seiner Krisendiagnose zu machen. Wer diese Weichenstellung beachtet, der wird auch 100 Jahre nach Barth in den vermeintlichen »Polykrisen« unserer Zeit ernst damit machen müssen, dass »keine Zeitdiagnose Maß unseres theologischen Denkens sein kann«[36] – auch nicht die Zeitdiagnose der Krise, die damit ja nichts anderes als negative natürliche Theologie wäre. Sie/er wird vielmehr alle vorgängige Zeitdiagnostik von den theologischen »Voraus-Setzungen« her kritisch zu befragen beginnen, die Gott selber mit seinem Reden zu uns Menschen geschaffen hat.[37]

Zu Beginn der Corona-Krise hat der Journalist und Theologe Florian Höhne, ganz ohne Berufung auf Barth übrigens, aber doch im Ergebnis in Übereinstimmung mit ihm, dagegen protestiert, die Krise zum Maßstab der Weltwahrnehmung zu machen. Ethik dürfe sich nicht in den Alarmismus des Ausnahmezustandes begeben, wo dieser gleichsam normgebend würde. Höhne spricht von einer großen Versuchung des Krisendenkens, der auch Theologie und Kirche immer wieder erliegen:

---

[33] So Dietrich Korsch, In den 1920er Jahren, 429. Korsch (a. a. O., 427 f.) identifiziert bei Barth »einen neuen Umgang mit dem Phänomen der Krise« – »[j]enseits einer bloßen Adaption vertrauter Mittel aus dem Arsenal der [...] ›liberalen‹ Theologie [...] taucht das Versprechen auf, die Krise mit streng theologischen Mitteln und größtmöglicher Radikalität zu deuten.« Barth freilich dürfte es um mehr als eine »Deutung« gehen; dies wäre noch zu sehr in liberalen Kategorien eines erfahrungsbezogen-expressiven Theologieverständnisses gedacht.

[34] So Barth im berühmten »Tambacher Vortrag«: Karl Barth, Der Christ in der Gesellschaft (1919), in: Ders., Vorträge und kleinere Arbeiten 1914–1921, hrsg. von Hans-Anton Drewes, Karl Barth GA III/48, Zürich 2012, (556–598), 587. Dort z. T. kursiv.

[35] Treffend Eberhard Jüngel, Provozierende Theologie. Zur theologischen Existenz Karl Barths (1921–1935), in: Michael Beintker u. a. (Hrsg.), Karl Barth in Deutschland (1921–1935). Aufbruch – Klärung – Widerstand, Zürich 2005, (41–55), 47: »*Ja* – das ist das die Theologie Karl Barths bestimmende Grundwort.«

[36] E. Busch, Weg und Werk Karl Barths in der neueren Forschung, 299.

[37] Vgl. G. Sauter, Das richtige Denken ist das Prinzip der Verwandlung, 335.

»Allzu leicht überschätzt das Krisendenken sich selbst. Es erhebt sich zum Paradigma und erklärt den Ausnahmefall zum Prüfstand für alles, frei nach dem Motto: ›Was in der Krise nicht taugt, taugt niemals.‹ Und dann räumt das Krisendenken radikal auf und mistet in den Vorratskammern theologischer Deutungskategorien aus. Dann muss ethisches Denken sein Orientierungspotential in den Horror-Dilemmasituationen des Ausnahmezustandes beweisen. Dann stehen und fallen der Glaubenssatz, die Frömmigkeit oder das Ritual damit, ob sie in und durch Krisenzeiten tragen. Als würde alles erst in der Krise und nicht im Alltag sein wahres Gesicht zeigen.«[38]

In der Tat kann die Krise kein Maßstab sein, nicht nur in der Corona-Krise, sondern grundsätzlich. Freilich stellt sich die Frage, ob mit Barths Weichenstellung nicht Chancen verspielt werden – für die Theologie etwa im Gespräch mit der Soziologie oder überhaupt mit solchen kulturschaffenden Gruppen und Kreisen, Institutionen und Einrichtungen, Forschungen und (Bezugs-)Wissenschaften, die Krisendiagnosen erstellen und/ oder sich auf sie beziehen. Der Krisenmodus hat doch auch etwas existentiell Herausforderndes, Bedrohliches, gleichsam nach Performanz, Operativem oder zumindest Kommunikation Verlangendes an sich, das der gemeinsamen Klärung unbedingt bedarf. Gewiss muss dies auch auf dem Hintergrund von Barths Theologie der Krisis nicht einfach geleugnet werden. Sie will ja gerade als Theologie der Krisis eine Theologie für die Krise sein. Kann aber Barth mit Zeitgenossen ins Gespräch gelangen, ohne ihre Krisendiagnosen apriori zu verurteilen? Oder ist er als ein »Krisen-Gesprächsverweigerer« einzuschätzen? Könnte er etwa – um nur die vielleicht beiden prominentesten Beispiele zu nennen – mit dem Münchner Soziologen Armin Nassehi über das Krisenphänomen eines notorischen Unbehagens in einer überforderten Gesellschaft kommunizieren[39] – oder mit dem Berliner Soziologen Andreas Reckwitz über eine Gesellschaft, die dabei ist, auf Singularitäten umzustellen, also Sozialpartner durch ein Publikum zu ersetzen?[40]

In der Tat kann die Krise kein Maßstab sein, nicht nur in der Corona-Krise, sondern grundsätzlich.

---

[38] Florian Höhne, Die Krise kann kein Maßstab sein (I). Warum sich Ethik nie dem Alarmismus des Ausnahmezustandes hingeben darf, https://zeitzeichen.net/node/8212 (Abruf: 8.9.2023).

[39] Vgl. Armin Nassehi, Unbehagen. Theorie der überforderten Gesellschaft, München 2021.

[40] Vgl. Andreas Reckwitz, Die Gesellschaft der Singularitäten. Zum Strukturwandel der Moderne, Berlin 2017.

6. Barth – ein »Krisen-Gesprächsverweigerer«? Abschließende Replik auf einen Einwand

Dietrich Korsch hat darauf hingewiesen, dass eine im Barthschen Sinne verstandene Theologie der Krise Zeitdiagnostik keineswegs ausschließt, sondern geradezu erst ermöglicht: »Die immer noch [d. h. auch auf dem Hintergrund der Barthschen Krisentheologie; M. H.] mögliche Überblendung gesellschaftlichen Zeitbewusstseins mit der Theologie soll dabei ausgeschaltet werden, damit es – unabhängig vom jeweiligen Stand der Krisenerfahrung in der Moderne – zu einer Einsicht in die unmittelbare Stellung des Menschen vor Gott kommt, in der die Kritik die Art und Weise der von Anfang an gewollten Rettung des Menschen ist. Das aber ist eine Position, von der aus – theologische Begriffsbildung vorausgesetzt – ein zeitdiagnostischer Gebrauch dann doch möglich wird.«[41]

Grundsätzlich wird also gerade durch Barths Emanzipation der Theologie von Krisendiagnose und Zeitgeist das Gespräch erst ermöglicht, insofern die Theologie einen eigenen Standpunkt generieren kann, den sie – und nur sie – in ein Gespräch über Krise/n einbringen kann. Wenn es bei der Krisis um das Handeln Gottes am Menschen geht, dann werden auch Zeitdiagnostik und die mit ihr einhergehende Kritik von diesem Handeln Gottes her in den Blick zu nehmen sein. Es ist mit anderen Worten nach den Entsprechungen, in Barths Terminologie nach den »Gleichnissen« bzw. »Analogien« zu dieser Krisis Gottes zu fragen.[42] Bereits der junge Barth hat diesen Gedanken in seinem fulminanten »Tambacher Vortrag« (1919) angelegt und später dann umfassend(er) ausgeführt.[43]

Die Krisis Gottes, so auch dort die theologische Weichenstellung, bildet den Maßstab menschlicher Zeitdiagnosen und nicht umgekehrt. Von daher wird theologische Urteilsbildung und mit ihr eine kritische Beurteilung auch der diversen Zeitdiagnostiken und Krisensemantiken einschließlich ihrer apokalyptischen Subtexte möglich.[44] Barths Theologie der Krisis fordert und fördert also keineswegs schlicht die Negation allen Krisendenkens. Auch hier gilt vielmehr: »Krisis heißt nicht Negation, sondern

---

[41] D. Korsch, In den 1920er Jahren, 429.

[42] Vgl. Marco Hofheinz, Der »Alleszermalmer«? Zur Formation eines »beweglichen« theologischen Konzeptes in Karl Barths »Tambacher Vortrag«, in: ZDTh 36 (1/2020), (13–53), 40f.

[43] Vgl. die Abschnitte III–V in: K. Barth, Der Christ in der Gesellschaft, 576–598.

[44] Vgl. Harald Matern, Einleitung – Die Krise der Zukunft. Zum apokalyptischen Subtext moderner Krisensemantiken, in: Harald Matern / Georg Pfleiderer (Hrsg.), Krise der Zukunft I: Apokalyptische Diskurse in interdisziplinärer Diskussion, Religion – Wirtschaft – Politik Bd. 15, Zürich / Baden-Baden 2020, 9–56.

eben Brechung und gerade so Erstarkung der Erkenntnis des Gegebenen: Brechung durch Infragestellung ihrer realistischen Selbstverständlichkeit, Erstarkung durch Herstellung ihrer echten Beziehung.«[45]

Darauf hinzuweisen und daran mitzuarbeiten, dass die Krisis Gottes heute zur Krise der verschiedensten Krisendiagnosen und -semantiken, welcher Provenienz auch immer, wird, darin würde ein nicht unbedeutender Dienst der Theologie an der Wissenschaft sowie der Kirche an der Gesellschaft bestehen. Diese Krisis kann und darf, mit anderen Worten, nicht überwunden werden.[46] Sie ist eine permanente Krisis, die um des großen Ja Gottes in Jesus Christus willen ergeht. Barth rückt eben »mit dem Krisismotiv alle Bereiche von Menschsein und Kultur konsequent unter das richtende und begnadigende Urteil Gottes«[47] – die wohlfeile Krisenrhetorik und auch die scharfsinnigste Analyse subtilster Missstände. Daran ist zu erinnern – auch nach mehr als 100 Jahren.

Marco Hofheinz, Prof. Dr., geb. 1973, Studium der Ev. Theologie in Wuppertal, Bonn, Tübingen, Lexington (Kentucky), Duke University (Durham, North Carolina) und Göttingen, Professor für Systematische Theologie (Schwerpunkt Ethik) an der Leibniz Universität Hannover, Sprecher des Forschungsforums »Religion im kulturellen Kontext«.

---

[45] Karl Barth, Schicksal und Idee in der Theologie (1929), in: Ders., Vorträge und kleinere Arbeiten 1925–1930, hrsg. von Hermann Schmidt, Karl Barth GA III/24, Zürich 1994, (344–392), 373.

[46] W. M. Ruschke, Entstehung und Ausführung, 196 stellt fest: »Gogarten war es um die Überwindung der Krise zu tun, während es Barth um die Permanenz der Krisis in Jesus Christus ging.« Zu den Differenzen zwischen Barth und Gogarten vgl. Christof Gestrich, Neuzeitliches Denken und die Spaltung der Dialektischen Theologie. Zur Frage der natürlichen Theologie, Tübingen 1977, 80–109.

[47] Michael Beintker, Rechtfertigung und Heiligung, in: Ders. (Hrsg.), Barth Handbuch, Tübingen 2016, (355–361), 355.

Evangelische Kirche in der Krise?![1]

von Thomas Martin Schneider

1. Die Krisen unserer Zeit

Gegenwärtig ist viel von Krise oder strukturellen Problemen die Rede. Auf die Finanzkrise ab 2008 folgte die Flüchtlingskrise ab 2015 und die Coronakrise ab 2020. Bereits seit knapp 20 Jahren setzt sich im öffentlichen Diskurs zunehmend der Begriff Klimakrise durch. In diesem Zusammenhang wird vor dem Erreichen von Kipppunkten gewarnt, die zu unumkehrbaren und vom Menschen nicht mehr zu kontrollierenden Veränderungen des gesamten Klimasystems führen. Der 2022 begonnene, großangelegte russische Überfall auf die Ukraine führte zu einer Krise der gesamten europäischen Sicherheitsarchitektur und der Weltfriedensordnung. Angesichts dieser globalen Krisen geraten weitere Krisen, wie die nach wie vor bestehende Hungerkrise in den ärmsten Ländern, im öffentlichen Bewusstsein – leider – in den Hintergrund oder sie nehmen sich vergleichsweise bescheiden aus, wie z.B. die Dauerkrise des deutschen Gesundheits- und Pflegesystems, die Wohnungsnot in den Städten oder der Sanierungsstau im Bereich der Infrastruktur (Bahn, Brücken, Schulen etc.). Ein ernstzunehmendes Problem gerade auch in der westlichen Welt ist schließlich das Aushöhlen der demokratischen Ordnung durch das Erstarken rechtspopulistischer Parteien und Bewegungen, so dass man von einer Demokratiekrise sprechen kann.

2. Die Krise der katholischen Kirche

Im kirchlichen Bereich erfährt seit einigen Jahren der Skandal des sexuellen Missbrauchs, hier vor allem in der römisch-katholischen Kirche, größere öffentliche Aufmerksamkeit. Dieser Skandal trug maßgeblich mit dazu bei, dass in der römisch-katholischen Kirche eine breite Reformdebatte angestoßen wurde, für die in Deutschland der Ende 2019 begonnene Synodale Weg steht, ein von der Deutschen Bischofskonferenz und dem Zentralkomitee der Deutschen Katholiken gemeinsam verantwortetes Gesprächsforum, das sich u.a. um eine stärkere Beteiligung der Laien – insbesondere auch der Frauen – an der Kirchenleitung, um eine Reform des Priesteramtes (Abschaffung des Pflichtzölibats),

---

[1] Die Überlegungen dieses Beitrages habe ich weiter ausgeführt in: Thomas Martin Schneider, Kirche ohne Mitte? Perspektiven in Zeiten des Traditionsabbruchs, Leipzig 2023. (*Anm. d. Schriftleiters:* Vgl. dazu die Rezension in diesem Heft.)

um eine Neubewertung von Homosexualität und geschlechtlicher Vielfalt sowie um Maßnahmen zur Prävention sexualisierter Gewalt bemüht, dabei aber auf zum Teil erhebliche Widerstände der päpstlichen Kurie und auch konservativer Kreise im deutschen Katholizismus gestoßen ist.

3. Die Krise der evangelischen Kirche

In der evangelischen Kirche konnte man die Reformdebatte in der katholischen Geschwisterkirche mit einer gewissen Gelassenheit und Genugtuung verfolgen, weil in ihr selbst die kühnsten Forderungen des Synodalen Weges zumindest theoretisch bzw. kirchenrechtlich längst erfüllt sind: demokratische, genauer: presbyterial-synodale Strukturen auf allen Ebenen, Frauenordination, Frauen im bischöflichen Amt, verheiratete Pfarrerinnen und Pfarrer, Wiederverheiratung Geschiedener, Segnung gleichgeschlechtlicher Partnerinnen und Partner, Akzeptanz geschlechtlicher Vielfalt – viel beachtet wurde etwa der Satz »Gott ist queer!« aus einer der Abschlusspredigten beim Nürnberger Kirchentag 2023[2] –, eine fortschrittliche bzw. liberale Sexualethik – die ehemalige EKD-Ratsvorsitzende Margot Käßmann pries in bewusster Provokation im Münchner Liebfrauendom im Mai 2010 die Anti-Baby-Pille gar als ein »Geschenk Gottes«[3] – etc. Sogar der Papst attestierte im Grunde der evangelischen Kirche, dass in ihr die Forderungen des von ihm kritisch gesehenen Synodalen Weges bereits erfüllt seien, als er im Juni 2022 im Hinblick auf die dortigen Reformbestrebungen sein oft zitiertes und von ihm selbst auch wiederholtes freilich vergiftetes Lob aussprach: »Es gibt eine sehr gute evangelische Kirche in Deutschland. Wir brauchen nicht zwei.«[4] Die evangelische Kirche, so scheint es, hat ihre Hausaufgaben gemacht und ist eine zeitgemäße Kirche.

Vor diesem Hintergrund mag es überraschend sein, dass nicht nur die offenbar in einem Reformstau steckende römisch-katholische, sondern auch die so fortschrittliche evangelische Kirche massenhaft Mitglieder verliert. Im Jahre 2022 betrug der Rückgang der evangelischen Kirchenmitglieder 2,9 %, in absoluten Zahlen 575.000[5]. Das sind – wohlgemerkt in nur einem einzigen Jahr! – mehr Menschen als die gesamte Einwohnerschaft der Hansestadt

---

[2] https://www.kirchentag.de/index.php?id=186&sessionId=380092101&manuscriptId=92%7C%7C1 [Zugriff 02.08.2023].

[3] https://taz.de/Margot-Kaessmann-ueber-Anti-Baby-Pille/!5142676/ [Zugriff 02.08.2023].

[4] https://www.vaticannews.va/de/papst/news/2022–06/franziskus-kritik-synodaler-weg-deutschland-jesuitenzeitschrift.html [Zugriff 02.08.2023].

[5] https://www.evangelisch.de/inhalte/213245/07-03-2023/trend-zum-kirchenaustritt-ungebremst [Zugriff 02.08.2023].

Bremen oder deutlich mehr als 300 durchschnittlich große evangelische Kirchengemeinden[6]. Lange Zeit hat man sich kirchlicherseits offenbar damit beruhigt, dass der Mitgliederschwund hauptsächlich der allgemeinen demographischen Entwicklung geschuldet sei, der man kaum aktiv entgegensteuern könne. Tatsächlich aber lag der Rückgang der Kirchenmitglieder im Jahre 2022 nur zu einem Drittel daran, dass die Zahl der Sterbefälle die Zahl der Getauften übertraf, zu zwei Dritteln jedoch an Kirchenaustritten. Und längst nicht mehr werden alle Kinder evangelischer Eltern auch getauft. Zwar hat die römisch-katholische Kirche im Jahre 2022 noch mehr Mitglieder verloren als die evangelische, nämlich 708.000, davon 520.000 durch Kirchenaustritt[7], betrachtet man jedoch die letzten Jahrzehnte, so hat die evangelische Kirche in Deutschland sogar noch deutlich mehr Mitglieder verloren als die römisch-katholische. Gab es bis Anfang des 21. Jahrhunderts noch mehr Protestanten als Katholiken in Deutschland, so übertrifft die Zahl der Katholiken in Deutschland die der Protestanten aktuell um ca. 1,8 Millionen. Ihr prozentualer Anteil an der Bevölkerung in Deutschland betrug 2022 24,8 %, der Anteil der Protestanten dagegen nur 22,7 %. Wie sehr sich die Proportionen verschoben haben und insbesondere der Anteil der evangelischen Bevölkerung abgenommen hat, erkennt man, wenn man sich vor Augen führt, dass der Protestantenanteil in Deutschland bis in die Zeit nach dem Zweiten Weltkrieg hinein bei gut 60 %, der Katholikenanteil dagegen nur bei knapp einem Drittel lag. Es ist also vor allem die evangelische Kirche, deren Mitgliederzahl in den vergangenen Jahrzehnten erosionsartig weggebrochen ist. Diese Erosion lässt sich nur zum Teil durch die religions- und kirchenfeindliche Politik der Machthabenden der DDR erklären, die bei ihrer Gründung ganz überwiegend protestantisch war; im ganz überwiegend katholischen Polen etwa waren die kommunistischen Regimes bei ihrem Kampf gegen Religion und Kirche auch nicht annähernd so erfolgreich. Vor diesem Hintergrund scheint es nur allzu verständlich zu sein, wenn der gegenwärtige Papst vor einer Protestantisierung seiner Kirche warnt.

Es ist also vor allem die evangelische Kirche, deren Mitgliederzahl in den vergangenen Jahrzehnten erosionsartig weggebrochen ist.

Um nicht missverstanden zu werden: Ich bin froh und dankbar einer Kirche anzugehören, in der Frauen gleichberechtigt sind und niemand wegen seiner sexuellen Orientierung diskriminiert wird, in der einfache Gemeindeglieder auf allen Ebenen an der Kirchenleitung partizipieren können, in der wiederverheiratete Geschiedene nicht vom Abendmahl ausgeschlossen werden, in der auch katholische Mitchristinnen und -christen zum Abendmahl

---

[6] https://www.ekd.de/statistik-kirchenmitglieder-17279.htm [Zugriff: 27.07.2023].
[7] https://www.katholisch.de/artikel/45780-520000-austritte-die-kirche-schrumpft-schon-wieder-wie-nie-zuvor [Zugriff: 02.08.2023].

willkommen sind etc. Aber all diese Errungenschaften, die zum Teil auch in der evangelischen Kirche erst mühsam errungen werden mussten, gelten in unserer Gesellschaft heute überwiegend als so selbstverständlich, dass sie kaum mehr geeignet sind, als das besondere Profil einer Gemeinschaft wahrgenommen zu werden. Offenbar scheint es der evangelischen Kirche immer weniger zu gelingen, das zu vermitteln, wofür sie eigentlich steht, was ihren Markenkern, ihr Proprium, ihre Mitte ausmacht, wofür es sich lohnt, sich zu engagieren und regelmäßig Kirchensteuern zu bezahlen. Die evangelische Kirche steckt gegenwärtig in einer tiefen Krise, auch wenn ich den Eindruck habe, dass viele Verantwortliche in der Kirche das immer noch nicht so recht wahrhaben wollen und etwa darauf verweisen, dass auch in früheren Zeiten der Gottesdienstbesuch mitunter sehr spärlich gewesen sei. Es mag sein, dass die Kirchlichkeit im Protestantismus immer schon – je nach Zeitalter und Region allerdings sehr unterschiedlich – schwach ausgeprägt war, aber selbstverständlich waren die Menschen, manchmal freilich auf Grund von politischen oder gesellschaftlichen Zwängen, Kirchenmitglied bzw. Gemeindeglied, besuchten den konfessionellen Religionsunterricht, ließen ihre Kinder taufen und konfirmieren und nahmen kirchliche Trauungen und Trauerfeiern und seelsorgerische Hilfe in Anspruch. Sicher gibt es schon seit Längerem einen schleichenden Erosionsprozess in der Kirche, aber in den letzten Jahrzehnten hat dieser Prozess sich offenkundig derart beschleunigt, dass man von einem Erdrutsch sprechen kann oder, um den oben schon benutzten, viel verwendeten Begriff aus der Debatte um die Klimakrise zu verwenden, von einem Kipppunkt, der überschritten wurde.

Die Krise der evangelischen Kirche ist sicher nicht einfach und bestimmt nicht monokausal zu erklären, aber zwei mir wesentlich erscheinende Aspekte möchte ich im Folgenden zur Diskussion stellen: 1. die Probleme bei der kirchlichen Nachwuchsarbeit und 2. den problematischen Trend zu einer Anthropologisierung, Moralisierung und Politisierung in der Kirche.

3.1 Die Krise der kirchlichen Nachwuchsarbeit

In vielen Gemeinden finden keine Kindergottesdienste oder Vergleichbares (Kinderbibeltage, -wochen etc.) mehr statt oder sie führen ungeachtet des ehrenamtlichen Engagements einzelner Eltern ein Schattendasein, ohne dass die Gemeindeleitungen und Hauptamtlichen sich besonders dafür interessieren würden. Jugendarbeit findet in vielen Gemeinden offenbar noch statt, oft sogar mit hauptamtlichen Jugendleiterinnen oder -leitern, aber sie scheint mit dem sonstigen Gemeindeleben, auch mit Glauben und Religion, häufig nur noch sehr wenig oder gar nichts mehr zu tun zu haben, außer vielleicht, dass regelmäßig für die gemeindliche Jugendarbeit eine gottesdienstliche Kollekte eingesammelt wird. In einer Handreichung des Rates der EKD zum Thema »Kirche und Jugend« von 2010 hieß es: »Viele Jugendliche besuchen kirchliche Angebote, merken aber nicht, dass es sich um ein kirchliches Angebot handelt.«[8] Diese Entwicklung ist fatal und wird den Erosionsprozess der Kirche exponentiell beschleunigen. Für gesellschaftliche Gruppierungen jeglicher Art ist es überlebensnotwendig, dass sie eine kluge und effiziente Nachwuchsarbeit betreiben, und zwar eine solche Nachwuchsarbeit, bei der der unverwechselbare Markenkern der jeweiligen Gruppierung nicht aus den Augen verloren wird. Um ein Beispiel zu nennen: Auch bei der Jugendfeuerwehr gibt es Spiel, Sport und Spaß und auch politische Themen mögen mitunter direkt oder indirekt eine Rolle spielen, aber letztlich ist allen Beteiligten klar, dass es darum geht, Jugendliche dahin zu führen, dass sie später einmal in der Lage sind, bei der Brandbekämpfung mitzuhelfen. Es ist heutzutage bestimmt nicht einfach, Kinder und Jugendliche für Kinder- oder Jugendgottesdienste zu gewinnen und diese so zu gestalten, dass sie ansprechend sind. Wenn Gemeinden aber gar keine entsprechenden Angebote mehr für Kinder und Jugendliche anbieten – die konkrete Form und Benennung ist dabei nicht entscheidend –, dann haben sie wohl schlicht kaum noch eine Zukunft.

3.2 Die Glaubenskrise

Der verstorbene Münsteraner Kirchenhistoriker Wolf-Dieter Hauschild diagnostizierte für die Zeit um 1980 eine Trendwende in der evangelischen Kirche, die er wie folgt beschrieb: »auch in der Kirche [sollte] der Gesellschaftsbezug allen Denkens und Handelns die erstrebte Relevanz von Religion erweisen [...] Politische Probleme wurden somit zu einer das Christentum unmittelbar betreffenden Sache. [...] Die grundsätzliche Bedeutung zeigte sich daran, dass seitdem innerhalb der evangelischen Kirche auf breiter Basis und intensiv die politischen Lebensprobleme durch eine religiöse Qualifizierung gewissermaßen als Glaubensfragen behandelt wurden. [...] Es ist deutlich geworden, dass ethisch-politische Fragen im Bewusstsein von Gemeinden und Pfarrerschaft die traditionellen dogmatischen Probleme fast völlig überlagert

---

[8] Kirche und Jugend. Lebenslagen, Begegnungsfelder, Perspektiven. Eine Handreichung des Rates der Evangelischen Kirche in Deutschland (EKD), Gütersloh 2010, 76 f.

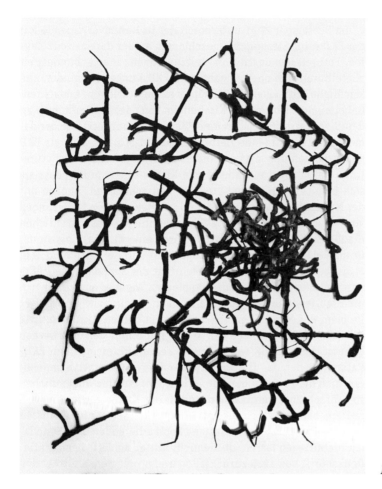

Foto: Rolf Gerlach

haben. [...] die zunehmende Politisierung der kirchlichen Arbeit
[...] wirkte sich langfristig darin aus, dass seit etwa 1980 solche
politischen Themen, welche Lebensfragen der Menschen betref-
fen, als Aufgabe für die Christenheit vehement wahrgenommen
wurden – teilweise mit der Konsequenz, dass das christliche Proprium nicht mehr oder kaum noch erkennbar war.«[9] Dieser Trend
hält offensichtlich unvermindert an und hat sich in den letzten
Jahren womöglich noch verstärkt. Zwei Beispiele mögen das ver-
deutlichen.

---

[9] Wolf-Dieter Hauschild, Kontinuität im Wandel. Die Evangelische Kirche in Deutschland
    und die sog. 68er Bewegung, in: Bernd Hey / Volkmar Wittmütz (Hrsg.), 1968 und die
    Kirchen, Bielefeld 2008, 35–54, hier: 46.

Im September 2021 unterbrach der in Hannover tagende Rat der EKD seine Sitzung, um geschlossen an der dortigen »Fridays for Future«-Demonstration teilzunehmen. Auch bundesweit »beteiligten sich nach Angaben der EKD Kirchengemeinden und kirchliche Initiativen am Klimaprotest mit Aktionen, Andachten, Gebeten, dem Läuten von Kirchenglocken oder der Teilnahme an den Demonstrationen«. In einer Videobotschaft erklärte der damalige Ratsvorsitzende Heinrich Bedford-Strohm: »Wir als EKD solidarisieren uns mit den Forderungen von ›Fridays for Future‹ [...]«, nahm für die evangelische Kirche in Anspruch, dass sie sich bereits »seit Jahrzehnten für den achtsamen Umgang mit der Mitschöpfung« engagiere, und bezeichnete die Forderungen von »Fridays for Future« als »Kernanliegen des christlichen Glaubens«[10]. Im November 2022 wurde eine Klimaaktivistin der Gruppe »Letzte Generation« eingeladen, auf der EKD-Synode in Magdeburg zu sprechen. Eine Mehrheit der Synodalen bedachte das Statement mit stehendem Applaus[11]. Wenn es auch natürlich nicht zu leugnen ist, dass die Klimakrise ein sehr ernsthaftes Problem der Menschheit ist, werfen die beiden Aktionen viele kritische Fragen auf, von denen hier nur einige genannt werden können. Ist es nicht wohlfeil und wenig bußfertig, wenn EKD-Ratsmitglieder, die überwiegend der älteren Generation angehören, sich die Forderungen der »Fridays for Future«-Jugendlichen so einfach zu eigen machen und deren Kritik gewissermaßen weitergeben, gerade so, als beträfe sie einen selbst nicht? Müssen sich die der »Letzten Generation« applaudierenden EKD-Synodalen nicht fragen lassen, ob sie nicht hinter die EKD-Demokratie-Denkschrift von 1985 zurückfallen und mindestens indirekt den demokratischen Konsens preisgeben, dass politische Ziele, und seien diese auch noch so wichtig, in einem freiheitlich-demokratischen Staat nicht mit Hilfe von Rechtsverstößen, sondern nur durch parlamentarische Mehrheiten zu erreichen sind, um die man sich bemühen muss – durchaus auch mittels außerparlamentarischer Proteste, sofern diese rechtskonform sind? Ist es nicht selbstgerecht, wenn man den Politikerinnen und Politikern oft sehr pauschal und mittels häufig sehr unterkomplexer moralischer Appelle vorwirft, sie täten alle viel zu wenig, und nicht bedenkt, welche realpolitischen Sachzwänge sie zu bewältigen haben, die zu komplizierten Abwägungs- und Aushandlungsprozessen sowie zu politischen Kompromissen nötigen? Beteiligt

---

[10] https://www.ekd.de/rat-der-ekd-beteiligt-sich-am-globalen-klimastreik-68418.htm [Zugriff 02.08.2023].
[11] https://www.ekd.de/livestream-synode2022-75411.htm [Zugriff 02.08.2023].

man sich nicht letztlich an der Unterminierung unserer repräsentativen Demokratie, wenn man eine Bewegung beklatscht, die so wirre Forderungen, wie die nach einem auszulosenden Gesellschaftsrat mit Entscheidungsbefugnis stellt?[12] Vor allem aber ist zu fragen, ob die kirchlichen Repräsentantinnen und Repräsentanten es vermitteln können, dass es sich bei den politischen Forderungen der Klimaaktivistinnen und -aktivisten tatsächlich um »Kernanliegen des christlichen Glaubens« handelt. Bereits 1976 hatte der damalige SPD-Bundeskanzler Helmut Schmidt in seinem Buch »Als Christ in der politischen Entscheidung« gewarnt: »Wenn es richtig wäre, wie manche uns glauben machen wollen, daß der Zielsetzung des Christentums nur eine einzige politische Meinung entspräche, dann hinge die Möglichkeit, Christ zu sein, davon ab, sich in der Politik nicht zu irren.«[13] Es ist auch nicht erkennbar, dass die genannten Gruppen aus der Kirche oder der christlichen Religion heraus erwachsen sind. Man freut sich dort zwar über kirchliche Solidarisierungsbekundungen, braucht die Kirche ansonsten aber nicht. Die bekannteste deutsche Vertreterin von »Fridays for Future«, Luisa Neubauer, sagte am Ende ihrer Kanzelrede im Berliner Dom im März 2021: »Gott wird uns nicht retten. Das werden wir tun.«[14] Wer so redet, braucht letztlich wohl auch keine Kirche mehr. Umgekehrt kann man sich des Eindrucks nicht erwehren, dass Kirchenvertreterinnen und -vertreter sich zum Teil progressiv-dynamisch erscheinenden und lautstarken Jugendbewegungen andienen, um verlorenes Terrain wiederzugewinnen und von dem eigenen Bedeutungsverlust abzulenken.

Man freut sich dort zwar über kirchliche Solidarisierungsbekundungen, braucht die Kirche ansonsten aber nicht.

Der bekannte »YouTuber« mit dem Pseudonym Rezo, Sohn eines Pfarrerehepaares, lobte in einer Kolumne auf »Zeit-Online« im Dezember 2019 ausdrücklich die »Wokeness« der christlichen Kirchen in Deutschland[15]. Er war begeistert, wie klar sie sich in der Klimapolitik positioniert hätten. Zugleich konstatierte Rezo aber auch, dass diese eindeutige politische Positionierung kaum zur Kenntnis genommen werde: »Das ist doch merkwürdig: Da positionieren sich zwei riesige moralische Institutionen [...] so klar und dringlich zu einem der politisch und gesellschaftlich relevantesten Themen – und wir merken es alle gar nicht.« Die Schuld gab Rezo einerseits den Medien, die kaum über die politischen Verlautbarungen der Kirchen berichteten, andererseits kritisier-

---

[12] https://letztegeneration.org/gesellschaftsrat/ [Zugriff 02.08.2023].
[13] Helmut Schmidt, Als Christ in der politischen Entscheidung, Gütersloh 1976, 63.
[14] https://strassenexerzitien.de/category/materialien/predigten/ [Zugriff 02.08.2023].
[15] Kirchen: Traue dich, o Christenheit! | ZEIT ONLINE [Zugriff 02.08.2023].

te Rezo aber auch »die Nutzer von Medien«, die sich fragen lassen müssten, »wofür sie eigentlich Aufmerksamkeit springen lassen.« Könnte es nicht sein, dass die Medien und deren Nutzerinnen und Nutzer in politischen Fragen die Kirchen nicht wirklich als kompetent erachten und entsprechende Expertise lieber woanders abfragen, – zumal dann, wenn die Kirchen nur das wiederholen, was andere, die viel eher als politische Player wahrgenommen werden, zuvor auch schon gesagt haben? Der im Juli 2023 verstorbene renommierte Berliner Theologe Wolf Krötke, in den 1950er Jahren politischer Häftling in der DDR, warnte: »Wenn eine christliche Kirche [...] im erhöhten Ton nur nachspricht, was sich eine kluge Ethik auch selber sagen kann, dann wird sie selbst zum allergrößten Hindernis ihrer Botschaft«[16]. Ein besonders krasses Beispiel für die Auflösung christlicher Theologie in eine im Grunde rein weltliche Ethik sind die steilen Thesen des ehemaligen Fernsehmoderators Franz Alt (geb. 1938), der seit Längerem im Impressum des kirchensteuerfinanzierten Magazins »chrismon« als »ständiger Autor« aufgeführt wird. Alt leugnet seit vielen Jahren, dass Jesus am Kreuz gestorben ist, er sei vielmehr bloß ohnmächtig gewesen[17]. Damit bricht er nicht nur der christlichen Dogmatik ihr Herzstück heraus – dies gilt insbesondere für die reformatorische Theologie, die ja im Wesentlichen Kreuzestheologie (theologia crucis) ist –, sondern er verabschiedet sich auch von den Erkenntnissen der historischen Leben-Jesu-Forschung, wonach der Kreuzestod Jesu sogar der sicherste Fakt im Leben Jesu ist, da er auch in nichtchristlichen Quellen belegt ist. Offenbar gilt Alt aber immer noch als ein vorbildlicher rebellischer Charakter, der unter Berufung auf Jesus Traditionen kritisch hinterfragt und die Brücke von den sozialen Bewegungen der 1980er Jahre zur heutigen Klimabewegung herzustellen vermag, – als einer, der sich im sprichwörtlichen Sinne vom Saulus zum Paulus wandelte, vom konservativen CDU-Mitglied zum pazifistischen Umweltaktivisten, vom Katholiken zum überkonfessionellen »Jesuaner«.

Ein evangelischer Bischof sagte mir kürzlich, die kommenden Generationen würden unsere Generation später genauso wegen der Versäumnisse in der Klimapolitik anklagen wie unsere Generation die Eltern- und Großelterngeneration wegen der unterlas-

---

[16] Wolf Krötke, Barmen – Barth – Bonhoeffer. Beiträge zu einer zeitgemäßen christozentrischen Theologie (Unio und Confessio 26), Bielefeld ²2014, 19.

[17] Franz Alt, Jesus – der erste neue Mann, München 1989 (¹⁰1992), 56 – in diesem Buch beruft Alt sich ausgerechnet auf den ultraliberalen Theologen Johannes Müller-Elmau, einen glühenden Nationalsozialisten. Vgl. etwa auch Franz Alt, Die außergewöhnlichste Liebe aller Zeiten: Die wahre Geschichte von Jesus, Maria Magdalena und Judas, Freiburg i. Br. 2021, 111 ff. – hier wiederholt Alt seine These, dass Jesus nicht am Kreuz gestorben sei, jetzt allerdings ohne Bezugnahme auf Müller-Elmau.

senen Hilfe und des fehlenden Widerstands im Nationalsozialis-
mus angeklagt habe. Das mag durchaus so sein. Aber könnte es
nicht auch sein, dass man unserer Generation dereinst vorwirft,
dass wir den nachfolgenden Generationen in dieser krisenhaften
Welt den orientierungsstiftenden Glauben an den dreieinigen
Gott nicht mehr vermittelt und die freimachende Botschaft des
Evangeliums vorenthalten hätten?

*Thomas Martin Schneider, geb. 1962, Dr. theol. habil., apl. Prof., ist
Akademischer Direktor für Kirchengeschichte am Institut für Evangelische Theologie der Universität Koblenz.*

Krisen fallen vom Himmel

von Thomas Thiel

»*Stark durch die Krise*«, »*Vergeude keine Krise*«, »*Krisen bewältigen leicht gemacht*«: Die Krisenratgeberliteratur boomt. Mit Krisen lässt sich gut Geld verdienen, Aufmerksamkeit erheischen, Betroffenheit erzeugen.

Zeig mir Deine Krise und ich sage Dir, wer Du bist – ja? Oder, abgeschmackter und ältlicher: *Welche Krise hätten´s denn gern?*

Und doch eben auch und erst recht: Wir werden sie nicht los, nachdenklich nicht und lebenspraktisch auch nicht. Hier und jetzt auch noch der dazugelegte Spezialfall: Spirituelle Krisen, Glaubenskrisen.

Ich schreibe kein Ratgeberessay, sondern gehe von einer simplen und extrem anfechtbaren Behauptung aus: *Krisen fallen vom Himmel.* Um den Gedanken zu entfalten, will ich mit dem neutestamentlichen Paradekrisenmanager, dem Apostel Paulus, beginnen, um bei ihm Ursachenforschung zu betreiben. Anschließend werde ich das »Gleichnis vom Vierfachen Ackerfeld« (Mt 13,3–9) krisentheoretisch und seelsorgefokussiert befragen. Nach einem kurzen etymologischen Ausflug, der sich als Nebenweg aber unbedingt aufdrängt, möchte ich Depressionen als Seismographen wahrnehmen, um am Ende zwei Resilienzoptionen vorzuschlagen.

Paulus als Krisenmanager

Tatort: Draußen vor der großen Stadt. Sie haben ihn hinausgeschleppt, den blasphemischen Prediger, der mit kräftigsten Worten die theologische Elite Jerusalems bis aufs Blut provoziert hatte. Er ging schlichtweg zu weit. Stephanus wird gepackt, gezerrt und in den Sand geworfen. Die Kronzeugen ziehen ihre Obergewänder aus und übergeben sie Saulus, der das Spektakel aus nächster Nähe beobachtet. Dann fliegen die ersten Steine.

Von Saulus heißt es: »[Er] *aber war mit dieser Hinrichtung voll und ganz einverstanden.*« (Apg 8,1a; Neue Genfer Übersetzung – NGÜ)

Soldaten haben mir erzählt, wie sie im Norden Afghanistans zusehen mussten, wie eine Frau in einem Dorf gesteinigt wurde.

Soldaten haben mir erzählt, wie sie im Norden Afghanistans zusehen mussten, wie eine Frau in einem Dorf gesteinigt wurde. Die Umstände waren kompliziert – aber was blieb, war eine bleibende, tiefe Verstörung, eine moralische Verletzung und für einige von ihnen eine Traumafolgestörung, die sie schließlich Jahre später zwang, eine mehrjährige Therapie zu beginnen. Man mag ja gerne glauben, vor 2000 Jahren habe sich das anders angefühlt, mag denken, das würde in den religiösen Kontext der Situation gepasst haben, mag sich schönreden, dass es so etwas nun mal geben konnte, wenn auch äußerst selten.

Nein.

Dass ein Mensch unter Steinwürfen stirbt, ist grausamster, kollektiver *Mord.* Und Saulus soll mit dieser Hinrichtung »*voll und ganz einverstanden*« gewesen sein? In heutigen psychiatrischen Kategorien weitergesprochen: Bei dem Noch-nicht-Apostel muss mindestens eine dissoziative Störung diagnostiziert werden, seine potentiellen perversen Anteile noch nicht mitgezählt. Kein Mensch, niemand, kommt aus so einer Krisensituation psychisch gesund heraus. Oder, wie *Lessing* einmal bemerkte:

> »*Wer über gewissen Dingen nicht den Verstand verliert,*
> *hat keinen zu verlieren.*«[1]

Saulus *hatte* aber gewiss Verstand, war hochgebildet. Er verliert etwas in dieser Situation, aber was? Ich kann nur vermuten: Den Glauben an eine kohärente, sinnvolle religiöse Existenz. Die Gewissheit, dass das trägt, was ihn bisher gehalten hat. Sein religiöses Koordinatensystem, seine Fähigkeit, alles, was geschieht, in einen schlüssigen »Kohärenzrahmen« einzuordnen, der sich aus seinen moralischen und spirituellen Überzeugungen speist – dieses Gitternetz ist zerrissen.[2]

Wer den festen Boden unter den Füßen verliert, verfällt mitunter in einen Aktivismus, der es ihm nicht mehr erlaubt, zur Ruhe zu kommen. Sonst müsste er sich dem stellen, was er erlebt hat. Noch einmal diagnostisch: Zu vermuten sind bei Saulus massive Verdrängungsmechanismen. Und dazu das mehr oder weniger bewusste Antreiben des psychischen Hamsterrades: »*Nur nicht zur Be-Sinnung kommen*« – denn wenn Sinn und Verstand wieder einsetzen, wird das Desaster offenkundig. Für diese Krisendeutung spricht, dass Saulus noch am Steinigungstag berserkerhaft loslegt: »*Saulus jedoch setzte alles daran, die Gemeinde auszurotten. Er durchsuchte Haus für Haus, und wo er Christen fand, ließ er sie abführen – Männer wie Frauen – und ließ sie ins Gefängnis werfen.*« (Apg 8,3; NGÜ)

Es scheint, als ob der Erzähler der Apostelgeschichte nach diesen Ereignissen erst einmal Atem holen muss, um sicheren Abstand vom toxischen Saulus zu gewinnen. (Apg 8,4–40) Der wütet jedoch im Hintergrund weiter und verrennt sich in einem immer absurderen Krisenmodus. Anschließend nimmt Lukas den Faden wieder auf:

Wer den festen Boden unter den Füßen verliert, verfällt mitunter in einen Aktivismus, der es ihm nicht mehr erlaubt, zur Ruhe zu kommen.

---

[1] Gotthold Ephraim Lessing, Emilia Galotti, Ditzingen 2014, 4. Aufzug, 7. Auftritt.
[2] Vgl. dazu: Sönke Neitzel/Harald Welzer, Soldaten, Frankfurt a. Main 2012, 16–19.

»*Saulus führte weiterhin einen wütenden Kampf gegen die Jünger des Herrn. Er drohte ihnen mit dem Tod und war entschlossen, die Gemeinde auszurotten.*« (Apg 9,1; NGÜ) Die Lutherübersetzung ist hier noch drastischer: »*Saulus schnaubte noch mit Drohen und Morden gegen die Jünger des Herrn.*« Der apostolische Blutrausch nimmt groteske Züge an, die Krise spitzt sich zum Show-Down vor Damaskus zu. Was dort geschah, ist von religiös-welthistorischer – und therapeutisch-seelsorglicher – Bedeutung und gut bekannt. Der Auferstandene bringt den Verfolger durch optische und akustische Impulse zu Boden. Von einem Pferdeabsturz ist biblisch zwar nicht die Rede, dieser hat sich später aber kunstgeschichtlich wirksam etabliert, um die Fallhöhe zu maximieren. Wichtiger: Von der christologischen Krisenintervention bekommen die Begleiter des Saulus gar nichts mit – die Subjektivität des Ereignisses wird offenbar.

Worum geht es, was muss der sich nun von Saulus zu Paulus krisenhaft wendende Mensch erfahren? Wohl dies: Dass er nicht bei der Sache war. Dass man mit einer Steinigung nicht »*voll und ganz einverstanden*« sein darf. Nie und nimmer. Dass er hätte intervenieren müssen. *Krisen entstehen durch Nicht-Präsenz, durch Dissoziation.* Dass ich nicht für-wahr-halte, was ich wahrnehme. Und Raster über das Erleben lege, die an dieser Stelle nicht angebracht sind. Unvoreingenommenheit und distanzierte Aufmerksamkeit schützt vor Krisen. Saulus musste erst dazu befreit werden.

Krisen entstehen durch Nicht-Präsenz, durch Dissoziation.

Das Therapiekonzept war dann einfach. Nach Wiederherstellung aller äußeren Sinne und einer kurzen Orientierungsphase, muss der nun namentlich umbenannte Paulus eine längere Auszeit nehmen. Zwei bis drei Jahre (Gal 1,18) währt seine Wüstenzeit. Krisen sind das anthropologische Stoppschild: *So geht's nicht weiter.* Pause.

Das hier also angedeutete Krisenmanagement ist richtungsweisend: So dramatisch wie beim Apostel sind sie mit all ihren (trans)personalen Auswirkungen zwar selten, aber ihre Strukturen und Abläufe ähneln sich auffällig. Die lukanische Schilderung der Transformation von Saulus zu Paulus entpuppt sich somit als sinnfälliges Krisenparadigma.

Damit können wir uns auch der zentralen These zuwenden: *Die Himmelsherkunft der Krisen.*

Krisen fallen wie Samenkörner vom Himmel

Wenn man die Gleichnisse Jesu Christi, wie sie im 13. Kapitel des Matthäusevangeliums überliefert sind, liest, verweben sich die Himmelsbilder auffällig mit den Samenbildern. Als ob Jesus uns dazu anleiten wollte, die Samenpotenz als Himmelreichsspiegel durchzudeklinieren.

Was durch die vom Bauern ausgesäten Samen entstehen mag, entzieht sich letztlich dessen Kompetenz. Die Samen bringen etwas mit, was sich irdisch nicht verifizieren oder falsifizieren lässt, sie transzendieren den irdischen Kreislauf des Immer-schon-Gewussten und bilden gleichsam den Himmelshorizont in nuce ab. Bis weit ins letzte Jahrhundert hinein, basierte bäuerliches Wissen – und Überleben! – auf der Kenntnis der stellaren, solaren und lunaren Zyklen, ihrer »ewigen« Gegenwart und Potenzialität. Keine Aussaat, ohne die Zeichen des Himmels vorher gelesen zu haben, kein Düngen ohne die Gewissheit des baldigen Regens. Möglicherweise krankt praxisrelevante und -kompatible Theologie nicht erst seit heute daran, dass sie unreflektiert verstädtert ist.

Nun denn und konkret: Mt 13,3b–9. Mit einem »*Siehe*!« beginnt Jesus seine Rede. Und ich imaginiere: Dabei streckt er seine Hand aus und deutet auf die Felder ringsum. Will sagen: *Ich weiß, wovon ich rede und ich weiß, dass wir den gleichen Erfahrungshorizont haben. Was ich jetzt sage, passt zu eurem Alltag, gehört in euer Leben. Wenn ich von der Aussaat rede, wisst ihr, was das heißt – und ihr wisst auch, was ich mit dem Himmelreich meine. Und das bringen wir jetzt in einen konstruktiven und perspektivisch neuen Zusammenhang.*

Genau dies will ich nun krisentheoretisch weiterdenken:

(1) Samen fallen auf den Weg, es kommen Vögel und picken sie auf.
Es gibt Krisen, mit denen man nichts anfangen will. Die nur stören, lästig sind. Die man nicht als solche wahrhaben will. Und sich folglich mit Hand und Fuß und Verstand gegen sie wehrt. Im Vermeiden von Krisen sind wir alle Weltmeister. Hilfreich ist das nicht. In der Deutung seines Gleichnisses wird Jesus wenig später konkret: Es ist »*der Böse*«, der das raubt, »*was ins Herz dieses Menschen gesät worden ist.*« (Mt 13,19) Wenn eine Krise – so meine These – wirklich ein Himmelsgeschenk ist, dann muss sie angenommen werden. Oft ist es aber nur ein sehr kleines Zeitfenster, das sich bald wieder schließt. Ein langjähriger Bekannter erzählte mir einmal sehr betrübt, dass seine zerkriselte Ehe eigentlich schon viele Jahre nur noch auf dem Papier bestand. Keiner der Beiden wagte den notwendenden Schritt. Da lernte er – himmlischer Zu-Fall? – eine Frau kennen, die seine Krise eskalieren ließ. Er ließ sie verstreichen, die Frau zog weiter. Traurig meinte er: Es gab diesen Moment, der da war, diese Chance, die wirklich da war – und ich hab es nicht sehen wollen. Kairos verpasst!

> *Möglicherweise krankt praxisrelevante und -kompatible Theologie nicht erst seit heute daran, dass sie unreflektiert verstädtert ist.*

*(2) Samen fallen auf felsigen Boden, die wenige Erde reicht nicht, die
Sonne versengt die jungen Pflanzen.*
Es gibt Krisen, die leuchten unmittelbar ein. Jetzt, *jetzt* muss ich
etwas ändern.

> *Die alte Arbeitsstelle, an der ich seit 20 Jahren klebe, weil sie
> mir Sicherheit gibt, erfüllt mich schon längst nicht mehr. Da wird
> 200 Kilometer entfernt eine ganz andere, herausfordernde aber
> passende Stelle ausgeschrieben. Ich rufe an, vereinbare einen Ge-
> sprächstermin. Das Vorstellungsgespräch verläuft glänzend, ich
> werde um die fehlenden Unterlagen gebeten, verspreche, sie noch
> diese Woche nachzureichen. Was für eine Chance!*
> *In der Nacht kommen die Zweifel. Ob ich auch eine neue Wohnung
> finde? Und wenn die Kolleginnen mich mobben werden, weil ich
> neu bin? Am Morgen weiß ich nicht weiter. Soll ich dem trauen,
> was ich gestern gehört habe? Standhaft einen neuen Weg gehen?
> Ich weiß nicht...*

Jesus meint zu diesem Krisenmodus: Wer so lebt, dem fehlen
die Wurzeln. Kommt ein Zweifel in die eigentlich schon getroffene
Entscheidung, die aus der Krise etwas Neues, Besseres, entstehen
lassen würde, die die Krise als Transformationsglück ernstneh-
men würde, dann geht es haltlos zurück in den alten Trott. In Be-
gleitungen ist deshalb Vorsicht und Achtsamkeit geboten: Ist die
Be-Geisterung für das kriseninduzierte Neue auch geerdet? Ist
Nachhaltigkeit zu erwarten? Es hat etwas Luziferisches, wenn im
Überschwang in einem Rutsch das Ganze Leben auf den Kopf gestellt werden soll. Deshalb die jesuanische Therapieempfehlung:
Ohne Grounding kein Neubeginn. Nur die Standhaften halten Ge-
genwind aus, und der kommt gewiss.

*Ohne Grounding
kein Neubeginn.
Nur die Standhaf-
ten halten Gegen-
wind aus, und der
kommt gewiss.*

*(3) Samen fallen ins Dorngestrüpp, werden von diesem überwuchert
und am Ende erstickt.*
Ich erinnere mich an eine Frau, die nach einer langen Ausbildung
eine Arbeitsstelle annahm, für die sie überqualifiziert war. Jah-
relang hielt sie aus, aber die Gedanken, ob das denn so stimme,
wucherten um sie herum. Eine Partnerschaft, die sie mehr aus
Versehen eingegangen war, endete im emotionslosen Niemands-
land. Sie versuchte es mit einem Ortswechsel, aber auch dort verhakte sie sich am neuen Arbeitsplatz, der schon nach kurzer Zeit
unbefriedigend war, fühlte sich von Kollegen nicht akzeptiert,
zugemüllt mit sinnfreien Aufgaben. Sie lebte mit angezogener
Handbremse, immer wieder schmerzhaft berührt von der Sicht
auf andere, die es scheinbar leichter hatten, während sie sich in
der Opferrolle eingesponnen hatte. Ihr Leben wurde kurzatmiger,

freudloser. Motivationsvorschläge zerplatzen in den Dornen ihrer Selbstzweifel und nicht geweinten Tränen.

Es ist oft gar nicht so recht fassbar, wann eine Krise begonnen hat und ob sie je enden könnte. Das Dorngestrüpp des Lebensumfeldes wuchert und pieckst, lässt bluten und Ängste modern. Als ob ein nie enden wollender Krisennieselregen keine Handlungsoptionen erlauben würde.

Ich vermute, dass viele pneumatische Erkrankungen, Infektionen und Allergien auch psychosomatische Langzeitfolgen nicht angegangener Krisenchancen sind. Was der Himmel einmal geschenkt hat, verhakte sich unselig in den Dingen der Welt und diese schnürte sukzessive den Lebensatem ab.

Ebendieser könnte aber auch der Widerhaken sein, sich aus dem Gestrüpp zu befreien: *Vertraut den neuen Wegen ...*

(4) Samen fallen auf guten Boden und bringen viel Frucht.
Was für eine Verheißung, wenn ich sie krisentheoretisch zulasse! Was für ein Himmelsgeschenk kann eine Krise sein, wenn ich bereit bin, ihr zu antworten, mich vor ihr (und damit dem Himmel) zu ver-antworten. Ich halte es für eine große Gnade, wenn ich dem, was mich innhalten und zweifeln lässt, was mich provoziert, irritiert und mir passager den Atem raubt, geistesgegenwärtig begegnen kann. Wenn ich dem Himmelssamen des »*Du musst dein Leben ändern!*«[3] entgegenlächeln kann und erwidere: Ja, ich will.

Es mag sein, dass es nur jede vierte Krise ist, der ich zustimmen kann, vielleicht noch weniger. Jesus Christus hat seine Krisen- und Lebenspädagogik ja als Paradigma verstanden. *In jedem Menschen* gibt es alle diese Quartalsfelder. In welchem ich mich gerade aktuell befinde, ist mir oft verborgen. Sie sind nicht auf vier Menschengruppen verteilt, sondern jede und jeder von uns trägt die vier unterschiedlichen Handlungsoptionen permanent in sich. Es wäre extrem tragisch, sich in der Finsternis einer der ersten drei Quadranten einzurichten oder zu wähnen, es gäbe keine Möglichkeit, auch einmal fruchtbares Krisenland zu betreten. Damit würde man sich in den Ländern der Finsternis arrangieren. Vielleicht ist eine effektive und quadrantensprengende therapeutische Maßnahme das regelmäßige Singen von EG 440: »*All Morgen ist ganz frisch und neu!*«

Es mag sein, dass es nur jede vierte Krise ist, der ich zustimmen kann, vielleicht noch weniger.

---

[3] Peter Sloterdijk, Du mußt dein Leben ändern, Frankfurt a. Main 2009; mit Bezug auf Rainer Maria Rilkes Sonett: Archaischer Torso Apollos.

Etymologische Streiflichter

Seit dem 16. Jhd. treibt sich die »*Krise*« sprachlich in Deutschland herum, abgeleitet vom griechischen *krísis*, was sich annähernd mit »*Entscheidung, entscheidende Wendung*« übersetzen lässt.[4] Der aufregendste Aspekt findet sich jedoch in der Verwandtschaft der Wörter *scheiden* und *schneiden*, deren beider indogermanische Wurzel *skei so viel wie »*trennen*« meint. Wenn etwas auf des »*Messers Schneide*« steht, kann man sich gehörig verletzten, lange hält man es jedenfalls dort nicht aus, sonst geht etwas entzwei. Die »*Zwietracht*« ist im Krisenmodus eine gefährliche Perspektive, droht sie doch etwas zu trennen, was eigentlich noch näher zusammenzuhalten wäre. Krisen sind Scheitelpunkte, man nimmt in oder auf ihnen besser nicht Wohnung, Bleiben ist kontraproduktiv. Die Rede von der Multi- oder Dauerkrise, in der sich die derzeitige Gesellschaft wähnt, birgt eminentes Zerstörungspotential, das sich bereits jetzt immer wieder blutig oder feurig entlädt. Auf der Schneide stirbt, was zusammengehört. Eine Krise bietet den passageren Raum einer Lösungsoption, sie ist, kann und darf nicht heimatlich anmuten.

Dem entspricht aus einem ganz anderen Kulturkreis das chinesische Schriftzeichen für »Krise«. Es setzt sich aus den Zeichen für »Gefahr« und »Chance« zusammen.[5] Die Chance sind viele bereit zu akzeptieren, aber wollen sie auch die Gefahr sehen? Aber auch umgekehrt und nicht minder einseitig: Wer nur die Gefahr erkennen mag, verschließt sich der Chance.

Depressionen als Krisenseismographen

Krisen spitzen eine Lebenssituation zu. Sie bringen auf den Punkt, was bisher unübersichtlich und unklar war, konzentrieren auf den nächsten notwendigen Schritt. Damit üben sie Druck aus. Entscheidungs- oder Transformationsdruck. Auf diesen reagieren Menschen bekanntermaßen (s. o.) mindestens vierfältig. Hinter diesem Druck verbirgt sich aber noch etwas Anderes, Gravierendes. Das zu erkennen und dann kreativ auf das Phänomen zu reagieren, scheint mir das Gebot nicht nur dieser Weltenstunde zu sein. Hören wir auf Altmeister aphoristischer Konzentration, *Friedrich Nietzsche*:

---

[4]   Dazu und zu allem Folgenden die Stichwörter in: Duden, Etymologie. Herkunftswörterbuch der deutschen Sprache, Mannheim, Wien, Zürich 1989.
[5]   https://www.zeit.de/2003/36/Stimmts_Chin__Schriftzeichen#:~:text=Im%20Chinesischen%20werden%20abstrakte%20Begriffe,das%20unter%20anderem%20Gelegenheit%20bedeutet (aufgerufen 30.09.2023).

»Schwer heisst ihm Erde und Leben; und so will es der Geist der Schwere! Wer aber leicht werden will und ein Vogel, der muss sich selber lieben: – also lehre ich.

Nicht freilich mit der Liebe der Siechen und Süchtigen: denn bei denen stinkt auch die Eigenliebe!

Man muss sich selber lieben lernen – also lehre ich – mit einer heilen und gesunden Liebe: dass man es bei sich selber aushalte und nicht umherschweife.«[6]

Der »Geist der Schwere« drückt die Seele, die die Krise eigentlich bewusst annehmen und angehen sollte, weg von sich in das unproduktive Umherschweifen. So verliert sie Kraft und Mut, traut sich nicht mehr zu, der neuen und herausfordernden Situation adäquat zu begegnen. Krisenmanagement entpuppt sich dann als Weitergabe des Entscheidungsdrucks an die Falschen, die ihrerseits hilflos am Boden festkleben und nicht mehr in der Lage sind, sich aufzuschwingen und sich einen Überblick zu verschaffen.

Aus Himmelshöhen sind Krisen geboren, von dort, aus der Vogelperspektive, kann aber auch Hilfe kommen, wenn man bereit ist, der Schwere zu entfliehen. *Nietzsche* bietet den zunächst überraschenden Lösungsansatz: *Sich selber lieben*. Also die dritte, immer noch häufig vergessene Facette des Höchsten Gebotes, wie es Jesus Christus lehrt:

»Liebe deine Mitmenschen wie dich selbst.«[7]

Die Krise drückt die Seele gewissermaßen nach außen, weg vom Zentrum. Sie besitzt ungeheure Zentrifugal- bzw. Vermeidungskräfte. Wer diesen standhält und den Zentripetalkräften vertraut, bleibt bei sich und am Ende auch bei Trost. Denn die Versuchung, die Lösung außerhalb meiner Selbst finden zu können, trügt. Sie hat etwas latent Diabolisches, in dem sie – so ihr Gefahrenpotenzial – die Seele von der Mitte wegzieht und damit »*Geist der Schwere*« ausliefert.

Christliches Krisenmanagement rechnet umgekehrt mit dem »Geist der Leichte«, der österlichen Auf-er-stehungskraft Christi Jesu. Damit geraten Krisen und der Umgang mit ihnen in ein dezidiert christologisches und seelsorglich bedeutsames Feld. Sich ihnen *nicht* zu stellen, bringt einen Menschen in den Einflussbereich des »Bösen«. (Mt 13,19) Deshalb ist mit Krisen nicht

Die Krise drückt die Seele gewissermaßen nach außen, weg vom Zentrum.

---

[6] Friedrich Nietzsche, Also sprach Zarathustra, KSA 4, München 1999, 242 (im Original gesperrt).
[7] Mk 12, 31 (NGÜ).

357

zu scherzen, im Gegenteil. Anstatt sie medial breitzutreten, ist es theologisch dienlicher, ihr Gefahrenpotenzial wahrzunehmen und die Chancenoption transformatorisch zu nutzen.

Resilienz

Vielleicht lässt sich dieser Begriff etwa so beschreiben: *Die Fähigkeit, Krisen und schwierige Situationen nicht nur zu überstehen, sondern gestärkt aus ihnen hervor- und weiterzugehen.*

Denn darauf wird es ankommen: Dass ich nicht nur irgendwie durchkomme, sondern im Durchkommen wachse. In der Traumatherapie spricht man in diesem Zusammenhang vom *»post traumatic growth«*.

Um uns in die resiliente Haltung hinein zu fühlen, schlage ich zwei Optionen vor: Aus-Zeiten und Freundschaften.

Die erste ist so simpel wie schwer: Ich kann Krisengeister nur unterscheiden und mich mit ihnen produktiv auseinandersetzen, wenn ich die aktuelle Situation für eine gewisse Zeit verlasse. Mich herausnehme, Abstand gewinne, mich distanziere. Wenn ich mit krisengeplagten Menschen rede, habe ich immer den Eindruck, sie kleben fest an ihrer Krise. Sind nicht bereit loszulassen oder können es einfach (noch) nicht. Als ob sie einen sekundären Krankheitsgewinn durch ihr Krisensein hätten. *Was wären Sie ohne ihre Krise?* Schon diese Frage kann helfen, Abstand zu gewinnen. Der Krisenmodus hat Suchtpotential. Zumindest gesellschaftlich kann man den Eindruck haben, dass wir gar nicht mehr wissen wollen, wie es ohne Krise geht. Und sind ihrer verführerischen Macht damit schon auf den Leim gegangen. Ihr Chancenpotential verkümmert, sie wird zur Drohkulisse und zum Disziplinierungshebel für die Mächtigen.

Der Krisenmodus hat Suchtpotential.

Abstand! Mit Paulus in die Wüste! Oder in die Berge – auf jeden Fall dorthin, wo ich allein bin und neu sehen lerne: *Wo ist der gute Boden, auf den meine Himmelskrise fallen kann?*

Die zweite Haltung entdecke ich beispielhaft in der »Taize-Ikone« *»Christus und Abbas Menas«*, oder auch *»Jesus und sein Freund«*. Sie stammt aus dem 8. Jhd. und gilt als die älteste bekannte koptische Ikone. Christus legt dem (verstorbenen) Abt des Klosters Bawit (Ägypten) die rechte Hand auf die Schulter. Christus Jesus, mein Freund und Beschützer. Er schaut mit mir in die Zukunft. Indem mich beide Personen direkt anschauen, spiegeln sie mir eine Freundschaftsoption, die mich durch alle Krisen hindurchtragen mag. Eine solche entwickelt ihr größtes Potenzial, wenn ich weiß, dass ich in ihr nicht allein bleibe. Egal was kommt, es gibt jemanden an meiner Seite, einen Freund, eine Freundin. Ist es der lebendige Christus, so droht mir kein Elend,

Christus Jesus, mein Freund und Beschützer. Er schaut mit mir in die Zukunft.

Christus und Abbas Menas.
Quelle: wikipedia

sollten Menschen es bei mir nicht aushalten. In der Darstellung der Ikone wirken Christus und Abt Menas heiter, gelassen, zentriert. *Das* wären auch die Haltungen, mit denen man jede Krise willkommen heißen kann.

Dr. Thomas Thiel, geb. 1963, ist Klinikpfarrer am zfp Weissenau (Ravensburg). Er war Pfarrer in württembergischen Gemeinden und an den Bundeswehrkrankenhäusern Ulm und Berlin; er ist Traumapädagoge, Geistlicher Begleiter und Exerzitienleiter.

Kirchliche Gemeinschaften und politischer Populismus

von Christian Schmidt

Organisiertes Christentum verliert an Relevanz, politische Populisten verheißen bei Kooperation eine Relevanzzunahme. Der folgende Artikel zeigt (Nicht-)Beziehungen zwischen beiden Gruppen auf.

Organisiertes Christentum verliert massiv an Relevanz, frühere feste gesellschaftliche Bindungen an Kirche lösen sich auf und der ehemalige Vertrauensvorschuss in die Institution Kirche schwindet. Das betrifft nicht nur verfasste Kirchen, sondern auch andere Formen organisierten Christentums wie Klöster oder andere durch eine Ordnung geregelte geistliche Gemeinschaften – im Folgenden als »kirchliche Gemeinschaften« zusammengefasst.

Der alte privilegierte Platz in der Gesellschaft geht verloren, ein neuer Platz ist noch nicht gefunden. Trotz intensiver Bemühungen mit Projekten, Initiativen und Reorganisationen erodieren kirchliche Gemeinschaften weiter – diese Situation erzeugt Irritationen, Verunsicherung und Angst.

Politische Populisten versprechen hier einen Ausweg aus der Abwärtsspirale. Sie werben um gesellschaftlich sinnstiftende Gruppen, um ihrem politischen Projekt eine ethische Legitimation zu verleihen, Kooperationspartner zu finden oder ihre Politik religiös begründen zu können. In Ländern, wo Kirchen mit Populisten kooperieren, wächst die Relevanz und der Status der Kirche; sei es, dass sie mehr Einfluss auf die Gesetzgebung erhält, ihre Rolle als politischer Akteur zu einem Machtgewinn führt, oder dass der Staat vermehrt kirchliche Projekte finanziert.

Aber nicht nur verfasste Kirchen, sondern auch andere christliche Gruppierungen wie kirchliche Gemeinschaften können als potentielle Partner in Frage kommen. Daher sollten sich auch diese mit der Frage des politischen Populismus auseinandersetzten und ihre Haltung dazu klären.

Die überwiegende Zahl von kirchlichen Gemeinschaften ist mit ihren geistlichen Vollzügen in traditioneller bürgerlicher Kirchlichkeit verwurzelt.

Die überwiegende Zahl von kirchlichen Gemeinschaften ist mit ihren geistlichen Vollzügen in traditioneller bürgerlicher Kirchlichkeit verwurzelt. Die Überschneidung mit gesellschaftlich konservativen Milieus ist daher erheblich größer als mit linken oder progressiven Milieus. Diese konservativen kirchlichen Milieus stehen im Fokus rechtsgerichteten Populismus, während linksgerichteter Populismus meist um progressive kirchliche

Gruppen wirbt. Somit haben Rechtspopulisten erheblich mehr Anknüpfungspunkte zu kirchlichen Gemeinschaften als Linkspopulisten. Folgend gehe ich daher auf Schnittpunkte zwischen Rechtspopulisten und kirchlichen Gemeinschaften ein.

Säkularisierung

In Mitteleuropa hat nach den vielen religiösen und konfessionellen Auseinandersetzungen die Säkularisierung das Konfliktpotential des Christentums stark gedämpft. Als Folge der Säkularisierung entschwindet das Christentum immer weiter aus der öffentlichen Sphäre, und wandelt sich von einer die Gesellschaft prägenden kollektiven Glaubensform zu einer individuellen und privaten Angelegenheit. Dem Christentum wurde der Anspruch des Absoluten genommen, nun wird es immer mehr zu einer von vielen möglichen subjektiven Meinungen.

Diese Säkularisierung stößt vor allem in traditionell christlichen Kreisen auf Widerspruch. Diese möchten die öffentliche und gesellschaftliche Dimension des Christentums stärken, das Christentum soll seine Präsenz in der Gesellschaft wieder deutlicher markieren. Ein Aspekt traditioneller christlicher Haltung ist, dass kollektive Vollzüge auch das Individuum prägen sollen. Daher wird das Christentum als gesellschaftliche Angelegenheit aufgefasst, wo auch der öffentliche Raum ein Ort der Glaubensvermittlung ist. Kirchen laden als Orte der Andacht ein, Glocken zeigen die Gebetszeiten an, stille Feiertage dienen dem Innehalten aller und Schulgebete sollen die nächste Generation in den Glauben einführen. Diese Formen der christlichen Präsenz in der Öffentlichkeit sind jedoch heute umstritten, immer weniger vermittelbar und aufrecht zu erhalten.

Populisten präsentieren sich hier als Bewahrer christlicher Werte und setzen sich folgerichtig auch für diese Themen ein und hoffen so auf Zuspruch. Aus dem tatsächlichen Handeln von Populisten ist jedoch zu erkennen, dass für diese nicht die Glaubensvermittlung im Fokus steht, sondern der politische Nutzwert. Populisten nutzen den öffentlichen Raum, um ihre Macht auszuweiten, nicht um den Glauben zu stärken. Christliche Symbole und Handlungen werden in der Öffentlichkeit platziert, diese dann zu ideologischen Kampfsymbolen umgedeutet, um diese für die eigene politische Agenda zu nutzen.

Den Kirchen wird die Rolle der Verteidigerin des Glaubens gegen eine säkulare antichristliche Moderne zugewiesen, ihre tatsächliche Rolle soll aber dann die der ideologischen Wehrburg gegen politische Gegner sein. Politische Ideologie und Glaubensvermittlung verschmelzen, eine öffentliche Kritik am Populismus kann so nun

Populisten nutzen den öffentlichen Raum, um ihre Macht auszuweiten, nicht um den Glauben zu stärken.

leicht als Christenverfolgung denunziert werden. Diese Verschmelzung von Ideologie und Religion hat destruktive Auswirkungen auf die Wahrnehmung von Kirche, ihre Aufgabe der Glaubensvermittlung wird ihr schließlich nicht mehr geglaubt. Wie sich im Handeln von Populisten zeigt, ist das Vereinnahmen von Institutionen wie Kirchen Teil der Strategie. Die negativen Auswirkungen auf die Kirche als Glaubensgemeinschaft werden zugunsten des eigenen politischen Machtgewinns in Kauf genommen.

Religionsvielfalt

Das Christentum erhebt einen religiösen Wahrheitsanspruch, der oft dem anderer Religionen widerspricht. Da auch andere Religionen einen solchen Wahrheitsanspruch formulieren, überlagern sich widersprüchliche Wahrheiten. Je relevanter – also »heißer« – Religion in der jeweiligen Gesellschaft ist, desto intensiver ist die interreligiöse Kontaktfläche, die von erregten Diskussionen über Diskriminierung bis zu Gewalt und Krieg reichen kann.

Die Säkularisierung führte innerhalb der meisten Milieus zu einer »Abkühlung« des Christentums – es existieren aber immer noch Milieus, in denen das Christentum relevant, also »heiß« ist. Und nicht in allen Regionen der Welt hat sich das Christentum so stark säkularisiert wie in Mitteleuropa. Durch Migration und Globalisierung werden heiße Glaubensfeuer christlichen und nicht-christlichen Ursprungs wieder in die Mitte unserer Gesellschaft gebracht. Wie nun mit den Widersprüchen und Gegensätzen der in der Öffentlichkeit präsenten Religionen umgehen? Wie damit umgehen, wenn Teile der Gesellschaft dem Konzept der Abkühlung von Religion widersprechen, weil aus der Abkühlung ein Erkalten und dann der Kältetod von Religion erfolgt?

Populisten nutzen dieses religiöse Spannungsfeld und verschärfen den Konflikt, indem sie die theologischen Unterschiede der Religionen auf eine ideologische Ebene heben. Grundlegende christliche Werte werden zur Disposition gestellt oder umgedeutet, sei es die Einschränkung der Nächstenliebe auf die eigene (Volks- oder Religions-)Gruppe bei gleichzeitiger Härte und Hass gegen die durch die Ideologie als »fremd« definierten Menschen. Ihre Religionen und ihre Glaubensgrundlagen werden dämonisiert und ausgegrenzt, das Christentum wird als Trennungsmarker genutzt, um multireligiöse Gesellschaften zu spalten. Die Ideologisierung von religiösen Gegensätzen schafft eine Situation, die sich jeder Konfliktmoderation verweigert. Diese religiöse Spaltung einer Gesellschaft ist ein erprobtes und wirksames Mittel, um politische Macht zu gewinnen und zu erhalten – zum Preis der Vergiftung einer religiös vielfältigen Gesellschaft.

Wie könnte eine Gesellschaft mit den Widersprüchen und Gegensätzen der in der Öffentlichkeit präsenten Religionen verantwortlich umgehen? Gibt es einen Umgang jenseits von Populismus und Säkularisierung, zwischen Vergiftung durch ideologisierte Religion und geistlichem Verdursten durch erkaltete Religion? Kirchliche Gemeinschaften können aus ihrem Erfahrungshorizont der individuellen und kollektiven Relevanz des Christentums einer säkularisierten Gesellschaft eine Haltung vorleben, wie »heiße« Religion verantwortlich in Gesellschaft integriert werden kann: die unbedingte Relevanz von Religion in eine Gesellschaft hinein zu vermitteln, die die Bindungskraft von Religion immer weniger nachvollziehen kann; einen religiösen Habitus vorleben, der religiösen Konflikten die Schärfen nimmt und einen zivilen Umgang zwischen den Religionen im öffentlichen Raum ermöglicht. Aus der eigenen christlichen Verwurzelung heraus kann die personale Verankerung des Gegenübers in einer anderen Religion mit ihren Regeln und Verhaltensweisen respektiert und verstanden werden – ohne gleich dessen Wahrheitsanspruch zu teilen oder bejahen zu müssen. Aus der innerchristlichen Ökumene heraus kann gezeigt werden, dass Vielfalt im Glauben den eigenen Glaubensvollzug bereichern und vertiefen kann – sei es durch das Kennenlernen anderer Glaubenspraktiken oder durch kritische Anfragen an die eigene Konfession und Religion.

Gibt es einen Umgang jenseits von Populismus und Säkularisierung, zwischen Vergiftung durch ideologisierte Religion und geistlichem Verdursten durch erkaltete Religion?

Staat

Der Gottesbezug im Grundgesetz erinnert daran, das auch einem Staat der Habitus von Demut und Selbstbeschränkung angezeigt ist, denn institutionelle Macht ist kein Selbstzweck, sondern hat eine dienliche Funktion. Auch die Barmer Theologische Erklärung bejaht staatliche Ordnung, um einer Gesellschaft ein Leben in Recht und Frieden zu ermöglichen. Sie zeigt staatlicher Macht aber dort seine Grenzen auf, wo der Staat sich selbst vergöttert oder ideologisch überhöht. Dieser Habitus entspricht dem des rechtschaffenen Verwalters, der seine ihm verliehene Macht nutzt, um anderen dienstbar zu sein.

Dieser Habitus zeigt die Bruchlinien zum Populismus auf, denn dieser macht sich ein Staatswesen samt seinen Institutionen dienstbar zum Zwecke der eigenen Interessen. Dies geschieht auch über die Delegitimation von Institutionen. Der Bevölkerung suggerieren Populisten, dass die Gesellschaft bedroht, unfrei und unterdrückt ist, und nur eine starke Führung sie schützen und befreien kann – wozu ein durch Institutionen geordnetes Staatswesen nicht in der Lage sei. Sie setzen daher auf Zersetzung staatlicher Institutionen durch Propagierung von radikal libertären Konzepten und zerstören

Dysfunktionale Institutionen können nach Macht strebende Populisten nicht mehr eingrenzen, der Weg zur absoluten Machtfülle führt daher über die Zerstörung der institutionellen Ordnung.

das grundlegende Vertrauen in Institutionen durch Verbreitung von Lügen. Sie nutzen ihre politische Macht innerhalb und außerhalb der Institutionen, um diese arbeitsunfähig zu machen, so dass diese ihren eigentlichen Auftrag des stabilen Regierungshandelns nicht mehr erfüllen können. Dysfunktionale Institutionen können nach Macht strebende Populisten nicht mehr eingrenzen, der Weg zur absoluten Machtfülle führt daher über die Zerstörung der institutionellen Ordnung.

Ideologisch wird diese Machtkonzentration auch religiös begründet, denn nur machtvolle Populisten könnten, so der Anspruch, das christliche Abendland vor äußeren Bedrohungen schützen – wozu ein Staatswesen mit seinen Kontrollmechanismen nicht in der Lage sei. Der Schutz des Christentums wird so zu einer ideologiekonformen Begründung der Machtkonzentration auf einen weltlichen Herrscher.

Im Gegensatz dazu zeigt der Habitus des rechtschaffenen Verwalters einen konstruktiven Umgang mit Institutionen auf. Kirchliche Gemeinschaften sind überzeitlich orientiert, daher besteht die Notwendigkeit, ihren Glaubenskern von Generation zu Generation weiterzugeben. Dies erfolgt durch eine innere Ordnung, welche die Regelmäßigkeit, Dauerhaftigkeit und Verbindlichkeit ihrer Existenz ermöglicht. Eine solche als geistliche Regel oder Satzung kodifizierte Ordnung ermöglicht generationsübergreifendes religiöses Leben, sammelt divergente Gruppierungen zu einem gemeinsamen Zentrum, klärt Hierarchien und hilft Macht verantwortlich zu auszuüben.

Aufgrund der Notwendigkeit einer inneren Ordnung sehen kirchliche Gemeinschaften meist auch die Notwendigkeit einer die Gesellschaft ordnenden weltlichen Macht. Häufig übernehmen daher – meist bürgerliche – Mitglieder von kirchlichen Gemeinschaften auch Verantwortung in Staat, Politik und Gesellschaft. Sie engagieren sich in den Institutionen innerhalb der Ordnungen. Was zu verändern ist, muss durch die gegebenen politischen Möglichkeiten als Wandel angestrebt werden. Wichtig ist ein grundlegendes Vertrauen in Institutionen. Dies ist die Voraussetzung für ein geordnetes gesellschaftliches Zusammenleben.

Kirchliche Gemeinschaften können mit ihrem Ordnungssinn, mit ihrer Generativität aber auch mit ihrer Trägheit in Bezug auf neue gesellschaftliche Entwicklungen dem destruktiven Einfluss der Populisten entgegenwirken. Sei es der theologische Missbrauch der Bibel zum Machtgewinn, sei es, dass Konflikte durch religiöse Parolen angefacht werden, oder kirchliche Strukturen zu Erfüllungsgehilfen populistischer Interessen degradiert werden.

Tradition

Das Christentum lebt mit Bezug auf die geistlichen Quellen, welche etwa durch Schriften, Erinnerungskultur oder gelebte Glaubenspraxis zugänglich werden. Die geistlichen Quellen werden dabei immer wieder neu aus dem überzeitlichen kollektiven Erfahrungsraum mit der heutigen Zeit verbunden. Kirchliches Leben unterliegt daher einem steten durch die jeweilige Zeit geprägten Wandlungsprozess samt Verlusten, Umbrüchen und Neugründungen. Auch die jetzige Zeit ist eine Zeit der Umbrüche, wir treten in ein postchristliches Zeitalter ein, christlich geprägte Milieus schauen hier in eine ungewisse Zukunft.

Bei dieser Ungewissheit setzen Populisten an, verstärken diese und schüren Ängste und zeichnen Bilder des Unterganges des »christlichen Abendlandes«. Dazu beziehen sie sich auf eine historische Referenzepoche, wo angeblich die christliche Welt noch in Ordnung war. Diese Glorifizierung eines untergegangenen goldenen Zeitalters wird gleichzeitig kontrastiert mit der Abwertung der Gegenwart, etwa als Zeitalter des moralisch dekadenten Verfalls der Sitten. Mit Bezug auf eine vermeintlich vergangene Epoche präsentieren Populisten ein politisch-religiöses Programm für die Reise zurück in die bessere Zukunft in der Vergangenheit.

Diese ideologische Entgegensetzung erfordert eine Ausblendung realer Geschichtsverläufe, der Vielschichtigkeit der Geschichte und ihrer Akteure. Daher versuchen Populisten ihre jeweiligen Gesellschaften aus ihrer kollektiven Geschichte zu entwurzeln. Mit anti-intellektueller Propaganda werden Wissenschaftler mitsamt ihren Erkenntnissen diffamiert und der neue Mensch wird proklamiert, der sich dem Ballast der geschichtlichen Traditionen entledigt hat. In der Bildung werden eindimensionale ideologiekonforme Geschichtsbilder verordnet.

Entwurzelte Menschen und Gesellschaften können nicht mehr auf Tradition, (Kirchen-)Geschichte oder Erinnerungskultur als Referenzpunkte zur Beurteilung heutiger Fragen zurückgreifen. Sie sind somit leichter zu beeinflussen, zu manipulieren und zu verängstigen. Der durch Entwurzelung entstandene Leerraum kann nun mit der politischen Ideologie der Populisten besetzt werden.

Kirchliche Gemeinschaften können aus ihrer traditionellen Verwurzelung heraus eine gelassene Haltung zu den Ungewissheiten der heutigen Umbruchzeit einnehmen und diese Haltung auch weitergeben. Sie können Wege vom Pessimismus zur Gewissheit weisen und den Leerraum der Angst durch gereifte Tradition neu bereichern. Gereifte Tradition bedeutet, dass sich Erinnerungsgemeinschaften ihre religiöse Geschichte in ihrer gesamten Tiefe vergegenwärtigen – samt ihren problematischen Zeiten und Tief-

Kirchliche Gemeinschaften können aus ihrer traditionellen Verwurzelung heraus eine gelassene Haltung zu den Ungewissheiten der heutigen Umbruchzeit einnehmen und diese Haltung auch weitergeben.

punkten, den Zeiten also, in denen alte Glaubensgewissheiten ab-
starben oder gewohnte kirchliche Präsenzformen in der Gesellschaft
schwanden, was wiederum Zeiten der Leere und Unsicherheiten
zur Folge hatte. Aus diesen Zeiten der Umbrüche entstanden aber
Neuaufbrüche, aus denen viele neue innovative christliche Lebens-
formen hervorgegangen sind – wie etwa genau jene kirchlichen Gemeinschaften, welche heute meist als traditionell, konservativ und
geschichtsträchtig wahrgenommen werden.

Die pure Existenz der kirchlichen Gemeinschaften belegt so,
dass die Krise der Kirchen nicht der behauptete Niedergang des
christlichen Abendlandes sind, sondern dass die Zeit der Krise
tatsächlich eine Zeit der Wandlung ist, aus der Neues entstehen
wird. Ein Auftrag an kirchliche Gemeinschaften wäre also, die
Gesellschaft daran zu erinnern, dass aus der Leere neues christliches Leben entstehen kann und dass kirchliche Gemeinschaften
auch heute dazu berufen sind, genau dieses neue Leben zu ermöglichen.

Identität
Kirchliche Gemeinschaften als regulierte Gemeinschaften organisieren ihr Leben mittels einer verfassten Regel oder Ordnung,
der sich die Mitglieder verpflichten. Übungen wie Noviziat, Exer-
zitien oder Einkehrtage helfen dem Einzelnen, sich in die Werte
der Gemeinschaft einzufinden. Die Unterweisung in Tradition,
Historie und gemeinschaftsspezifische Vollzüge dient dazu, die
individuelle Biografie des Einzelnen mit der kollektiven Biografie
der kirchlichen Gemeinschaft durchdringen zu lassen. Das ermöglicht eine Teilhabe an intensiven Praktiken, die tief in Person
und Seele eindringen, um Menschen so in ein kollektives geist-
liches Leben hineinzuführen.

Diese Praktiken können aber auch genutzt werden, um Menschen
auf der Suche nach geistlicher Verwurzelung für eine politische
Ideologie gefügig und nutzbar zu machen. Die formal gleichen
Vollzüge können so eine Person zersetzen, verunsichern, verängstigen und diese somit zugänglich für die politische Ideologie machen. Identität wird nun nicht mehr durch Verwurzelung in geistlichen Quellen, sondern durch Abgrenzung, Abwertung bis hin zur
Bekämpfung des Anderen als negatives Gegenüber geschaffen. Die
Sinne, die eine Wahrnehmung von Kohärenz ermöglichen, werden
verschlossen. Häufig werden mit Bezug auf die Ideologie sinnliche
Zugänge wie Musik, Tanz, Kunst, Körperlichkeit oder Meditation
unterbunden. Das Tor der menschlichen Sinne wird verengt oder
fast ganz geschlossen. Der verbleibende Zugangsweg kann nun
leicht durch Ideologie kontrolliert werden.

An die Stelle von Individuation – der Einzelne findet sich mit seiner Persönlichkeit in die Gemeinschaft ein – tritt innerliche Entleerung und Uniformität. Menschen verinnerlichen die Ideologie als neue scheinbar eigene Persönlichkeit. Ein Ziel von geistlichen Übungen ist es, Kenntnis der Untiefen der eigenen Seele zu erlangen, um mit Emotionen wie Hass, Wut oder Neid in gereifter Form umgehen zu können. Diese Übungen zur Kenntnis der Seele werden unterbunden, Emotionen wie Hass, Wut oder Neid werden verstärkt und dann als Waffe gegen den ideologischen Gegner gerichtet.

Kirchliche Gemeinschaften haben – allgemein gesprochen – biblisch begründete Visionen von einer besseren Welt. Um innerlich mit der Kluft zwischen dem Anspruch einer gewünschten Zukunft und dem realen Zustand der Welt samt dem Verhalten der Menschen klarzukommen, empfehlen viele kirchliche Gemeinschaften die Übung der Demut. Ideologien jedoch setzen auf Hochmut. Sie überhöhen die Visionen nochmals und suggerieren den Mitgliedern, dass sie als auserwählte Gemeinschaft berufen sind diese zu realisieren. Die Unmöglichkeit das Unerfüllbare zu erfüllen, führt dazu, sich selbst, die Welt und die Menschen unter Druck zu setzen – oft mit Gewalt und Zwang. Frei von Selbstzweifel zwingt man mit einem elitären Wahrheitsbewusstsein die ideologische Utopie der Welt und den Menschen auf. Aus dem Wunsch einer besseren Welt wird so schnell die blutige Realität einer totalitären Ideologie.

Charisma

Der Beitrag versuchte aufzuzeigen, was kirchliche Gemeinschaften vom politischen Populismus trennt und mit welchen Charismen kirchliche Gemeinschaften in unsere Gesellschaft wirken können. Sei es, dass sie aus ihrer überzeitlichen christlichen Verwurzelung heraus Menschen die Gewissheit geben, dass hinter den Ungewissheiten der heutigen Zeit die Gewissheit einer Zukunft verheißen ist. Sei es, dass sie eine zunehmend säkulare und multireligiöse Gesellschaft mit den Qualitäten des Christentums bereichern können. Oder sei es, dass sie mit ihrem generationsübergreifenden zeitlichen Horizont in der Gesellschaft lang wirkende Werte schaffen.

Großer Aktionismus und hohe Mitgliederzahlen sind nicht nötig. Es gilt, einfach mit Gelassenheit und Demut die Überzeugungen und Werte in der Öffentlichkeit zu leben und so sein Licht in die Gesellschaft strahlen zu lassen.

Christian Schmidt, geb. 1967, lebt in Köln und arbeitet als Ingenieur bei einem Fernsehsender. Er ist Bruder im rheinisch-westfälischen Konvent der Evangelischen Michaelsbruderschaft.

Um innerlich mit der Kluft zwischen dem Anspruch einer gewünschten Zukunft und dem realen Zustand der Welt samt dem Verhalten der Menschen klarzukommen, empfehlen viele kirchliche Gemeinschaften die Übung der Demut.

Liedpredigt über EG 362 »Ein feste Burg ist unser Gott«[1]

von Petra Reitz

Im Protestantismus ist es möglich – außer über einen Bibeltext – auch über ein Kirchenlied zu predigen, weil bei uns durch die Lieder und die Kirchenmusik begleitend verkündigt wird, wie durch G'TTES Wort.

So wollen wir heute das Lied »Ein feste Burg ist unser G'TT« (EG 362) von Martin Luther (1483–1526 n. Chr.) genauer betrachten. Es gilt als das Reformationslied schlechthin; ja, es gilt sogar als reformatorisches Kampflied! Doch stimmt das so? Schauen wir es uns genauer an! Was wir zuerst – bei all' den Worten, die im Lied vorkommen – hören und was hängen bleibt, ist das Bild von der »Burg«. Nur, zur Zeit Luthers, an der Wende vom 15. zum 16. Jahrhundert waren Burgen schon längst nicht mehr die prägenden Bauwerke; die Burg ging bereits über in das Bauwerk einer Bastion oder Zitadelle, wie wir sie hier im Rheinland etwa von der Zitadelle in Jülich (1549) kennen. Als Luther 1529 dieses Lied dichtete, waren die Bauernkriege (1525–1526), in denen zahlreiche Burgen geschleift worden waren, schon vorbei.

Eine Sache gerinnt zum Bild, wenn ihre tatsächliche Bedeutung im Schwinden begriffen ist.

Sie können das auch an den mittelalterlichen Dom-Bauhütten feststellen. Als der unbehauene Stein, das Senkblei, der Zirkel und der Hammer keine konkrete Rolle mehr im täglichen Gebrauch spielten, gerannen sie zum Symbol und wurden auf bildhafte Weise in der Freimaurerei wieder aufgegriffen: Nun ging es nicht mehr um einen tatsächlich unbehauenen Stein für den Kathedralbau, sondern der freimaurerische Adept selbst war der unbehauene Stein, den es zu bearbeiten galt. Und das Senkblei diente nicht mehr dazu eine Mauer gerade hochzuziehen, sondern wurde zum bildhaften Instrument, die eigene menschliche Tiefe oder auch Untiefe auszuloten.

Als Luther also das Bild der Burg für sein G'TTES-Lied wählte, war die konkrete Burg bereits im Schwinden begriffen. Er benutzte dieses Bild, um eine seelische Wahrheit auszudrücken. Zeitgleich mit ihm benutzt aber noch jemand anderes dieses Bild: Es ist eine

---

[1] Die Predigt wurde gehalten am 26. Oktober 2023, im Reformationsgottesdienst für Soldaten im Altenberger Dom.

Frau. Sie lebt zur Zeit Luthers gefühlt am anderen Ende Europas. Sie heißt: Teresa Sánchez de Cepeda y Ahumada (1515–1582). Bekannter ist sie unter dem Namen Teresa von Ávila – sie ist eine Heilige der römisch-katholischen Kirche. Wir sind hier im Altenberger Dom, in einer sogenannten Simultankirche, einer Kirche, die von beiden Konfessionen, der römisch-katholischen wie der evangelischen, zugleich genutzt wird; ein ökumenisches Projekt, wenn Sie so wollen.

Schauen wir mal, was der Burgherr Luther mit diesem Bild von der Burg in seinem Glauben macht und singen wir die erste Strophe:

>*»Ein feste Burg ist unser Gott, ein gute Wehr und Waffen. ER hilft uns frei aus aller Not, die uns jetzt hat betroffen. Der alt böse Feind mit Ernst er's jetzt meint, groß Macht und viel List sein grausam Rüstung ist, auf Erd' ist nicht seinsgleichen.« (EG 362,1)*

Als Luther dieses Lied 1529 dichtet, kommt die Welt, die ihm vertraut ist, die deutsche Welt, gerade aus den Bauernkriegen, die von 1525–1526 währten. Tausende Burgen waren geschleift worden. Luthers ihm bekannt Welt verging gerade. Die Erneuerung der Kirche, die er mit seinem Thesenanschlag von 1517 in Gang setzen wollte, hatte sich zu einem politischen Flächenbrand ausgeweitet, den er so nie gewollt hatte. Es gab keine Fluchtburgen mehr, keinen sicheren Hort. Seine Zeit auf der Wartburg, eine für ihn prägende Zeit, was die Auseinandersetzung mit den inneren Dämonen anbelangte, lag schon eine Weile zurück (1521–1522); damals war ihm die Wartburg zu einem sicheren Hort bei Verfolgung geworden. Und jetzt?

Dass das, womit man sich zu verteidigen hoffte, Wehr und Waffen, auch gegen einen selbst gerichtet werden konnte, und das, worauf man meinte, sich verlassen zu können, sich als Lug und Trug entpuppen würde, diese Erfahrung musste Luther genauso machen, wie die Menschheit schon seit der Antike und wir Heutigen auch. Damals war diese Erfahrung von dem vorchristlichen Dichter Aischylos (525–456 v. Chr.) so unnachahmlich formuliert worden, als er sagte: »*Im Krieg ist die Wahrheit das erste Opfer.*«

Dieser enttäuschenden menschlichen Grunderfahrung setzt Luther *G'TT selbst* als die einzig wahre Burg entgegen. Keine Wartburg und auch keine andere Burg mehr; G'TT selbst!

Teresa von Ávila stand, als sie ihr Bild von der Burg entwarf, in Toledo 1577 unter Hausarrest. Warum? Sie hatte Klöster gegründet, eine Reform des Karmeliter-Ordens eingeleitet; es gab nun – neben dem normalen Karmeliter-Orden – die Unbeschuhten Karmeliten, die sich radikal an das Armutsgelübde hielten und eine Kultur des inneren Gebetes pflegten, die man heute wohl als Meditation bezeichnen würde. Und was das Unerhörteste daran war: Sie war die Gründerin dieses neuen Ordenszweiges – und es folgten ihr Männer

Keine Wartburg und auch keine andere Burg mehr; G'TT selbst!

darin! Also setzte man sie erst mal unter Hausarrest, denn binnen 10 Jahren hatte sie – durch Reisen (!) – etwa 10 neue Klöster gegründet und eine neue Bewegung ins Leben gerufen, die ganz Spanien täglich in Atem hielt!

Anders aber als bei Luther ist bei Teresa nicht G'TT die Burg, sondern die menschliche Seele. Unerhörterweise beschreibt sie diese Seele auch noch als schön, als einen Diamanten, einen Kristall, der durchlässig ist für das Licht G'TTES.

In ihrem Burg-Bild von der Seele gibt es sieben Burgberinge, die es zu durchschreiten gilt. Erst im letzten der sieben Ringe wohnt G'TT selbst und die Seele kann sich mit ihm vereinen.

Doch wie kommt man dahin? Wir Heutigen, die durch viele zentrifugalen Kräfte immer neu nach außen und an die Oberfläche gezogen werden, reden ständig von der eigenen, inneren Mitte. Sie ist für uns ein Sehnsuchtsort – aber nichts, wo wir schon einmal so lang gewesen wären, dass wir behaupten könnten, uns dort gut auszukennen.

Also, wie kommt man dahin? Luther lässt es in Strophe 2 besingen:

>»Mit unserer Macht ist nichts getan, wir sind gar bald verloren;
>es streit' für uns der rechte Mann, den Gott hat selbst erkoren.
>Fragst du, wer der ist? Er heißt Jesus Christ, der Herr Zebaoth, und
>ist kein andrer Gott, das Feld muss er behalten.«

Bei Luther, diesem Hitzkopf, ist natürlich alles Kampf; das spiegelt gerade seine Lebenserfahrung. Und doch macht er in, mit und unter den Bildern vom Kampf eine wesentliche, geistliche Aussage: Wir können nichts tun! Wir können nicht mal kämpfen. »*Mit unserm Tun ist nichts getan!*« Das ist eine zentrale spirituelle Erkenntnis, die es in allen Religionen gibt:

Im ZEN-Buddhismus gibt es Rätselsätze, sogenannte Koans, an denen der Verstand verzweifeln muss; sie sind nicht zu lösen. Sie lösen sich nur von selbst, wenn man sie nicht lösen will. Ein Koan lautet: »*Führe das Schwert – ohne die Hand zu bewegen.*« Wer einen solchen Rätselsatz bekommt, darf ihn nicht erklären wollen – er muss ihn vormachen. Also, führen Sie das Schwert – ohne die Hand zu bewegen! »*Mit unserer Macht ist nichts getan …*« (Luther)

Bei Teresa von Ávila ist es ähnlich: Als sie bereits erste geistliche Erfahrungen gemacht hatte, wird sie zu einer gefragten Beraterin. Wer also Supervision oder Coaching im Spanien des 16. Jahrhunderts suchte, war bei Teresa an der ersten Adresse; sie war eine gefragte Berühmtheit! Und das schmeichelte ihr nicht wenig. Bis sie merkte, dass sie genau dieser scheinbar doch so gute geistliche Erfolg weiter weg von der Mitte der Burg brachte. Und so lernte sie auf schmerzhafte Weise, dass der Fortschritt im Loslassen dieser äußeren »Erfolge« besteht und im Einlassen auf G'TT selbst.

Wir können nichts tun! Wir können nicht mal kämpfen.

Das geht sogar so weit, dass sie das, was im Spanien des 16. Jh.'s das Wichtigste ist, loslassen muss: die honra = die Ehre! Sie wird in eine Situation gebracht, in der sie ihre eigene Ehre loslassen muss, um den Orden zu retten.

Je weiter man bei Teresa in das Innerste der Burg fortschreitet, umso näher kommt man einer Kraft, einer Entität, die nichts tun kann aber alles bewirkt.

Luther singt von ihr in der dritten Strophe:

»Und wenn die Welt voll Teufel wär und wollt uns gar verschlingen, so fürchten wir uns nicht so sehr, es soll uns doch gelingen. Der Fürst dieser Welt, wie sau'r er sich stellt, tut er uns doch nicht; das macht, er ist gericht: ein Wörtlein kann ihn fällen.«

Der Teufel! »Den gibt's doch gar nicht!«, sagt der moderne Mensch. Nun, das stimmt – solange man ihn außerhalb von sich selbst sucht.

An der Stelle, an der Teresa und Luther jetzt stehen – wenn sie schon längst beide wissen, dass wir nichts tun können – kommt es zur entscheidenden Auseinandersetzung – mit dem Teufel.

Jesus nennt den Teufel, den *»Vater der Lüge«* (Joh 8,44) – Sie merken, wir sind wieder beim Krieg! – *»Im Krieg stirbt zuerst die Wahrheit!«*

Seine Macht besteht in den Lügen, die wir glauben - auch über uns selbst! Er kann in der Welt nichts Böses tun, denn er ist jene geistige Wirklichkeit, die uns dazu bringt, dass wir es tun. Der Teufel tut nichts. Er flüstert. Und das reicht aus – ganz und gar. Erfahrungs gemäß haben ihm Menschen schon immer ihr Gehör geschenkt.

Unsererseits reicht es, den Lügen zu widerstehen, indem wir auf etwas anderes hören – auf das Wort G'TTES. Wir können den Einflüsterungen nur durch die Kraft des Wortes widerstehen. Und damit ist nicht der Redeschwall diverser Kommunikationsformate gemeint, sondern unsere Einwohnung im Wort G'TTES. Inwieweit wir Umgang mit dem Wort G'TTES haben, täglich, wird darüber entscheiden, ob wir überhaupt in der Lage sind, die Einflüsterungen als solche zu erkennen und ihnen etwas entgegenzusetzen; da reicht oft ein einziges Wort. Luther wusste das. Er war kampferprobt: *»Ein Wörtlein kann ihn fällen.«*

Wenn Sie ehrlich mit sich selbst die Erfahrung gemacht haben, wann Sie etwas gegessen haben, was Sie nicht essen wollten, oder getrunken haben, als Sie es nicht wollten, oder sitzen geblieben sind, als Sie Sport treiben wollten, dann wissen Sie Wesentliches über Ihre eigene Widerstandsfähigkeit in der geistigen Welt. Denn womit könnten Sie sich selbst überwinden – wenn nicht mit einer Liebe, die größer ist als Ihre Eigenliebe?

Wir können den Einflüsterungen nur durch die Kraft des Wortes widerstehen.

Die Kraft des G'TTES-Wortes, die uns nicht in Zucht nimmt, sondern einen Raum, einen geistigen Raum eröffnet, in dem die Liebe selbst wohnt, besingt Luther in der letzten Strophe seines Liedes.

In der Gemeinde, in der ich über 17 Jahre Dienst getan habe, gab es eine ältere Lehrerin, die sich regelmäßig weigerte, diese Strophe zu singen, weil sie sie unerhört fand – eine Zumutung! Und darüber hinaus war sie der festen Überzeugung, dass G'TT das von niemandem verlangen würde, was dort steht. Singen wir es mal:

> *»Das Wort sie sollen lassen stahn und kein' Dank dazu haben;*
> *er ist bei uns wohl auf dem Plan mit seinem Geist und Gaben.*
> *Nehmen sie den Leib, Gut, Ehr, Kind und Weib: lass fahren dahin,*
> *sie haben's kein Gewinn, das Reich muss uns doch bleiben.«*

Das ist in der Tat eine gewaltige Zumutung:

Das eigene Leben und das Leben der Lieben gering zu achten. Man hängt doch an nichts mehr als am eigenen Leben! Und wenn die eigenen Lieben angegriffen werden, wird mancher unberechenbar. Der Angriff auf die eigene Familie ist etwas, bei dem ich merke, dass unsere Soldaten sofort hochfahren und in Verteidigungsbereitschaft, ja Angriffsmodus gehen. Das ist jetzt Erfahrung, die man teilt oder nicht teilt.

Ich kann es Ihnen nicht an den Verstand reden. Aber kennen Sie Momente in Ihrem Leben, Schicksalsschläge, die Sie – weiß G'TT – kein zweites Mal brauchen, von denen Sie aber am Ende gesagt haben, dass Sie sie auch nicht missen möchten?!

Sehen Sie, da kommen Sie ganz nah ran an die Aussage der vierten Strophe des berühmten Luther-Liedes. Diese Strophe kann nur derjenige oder diejenige mit voller Überzeugung singen, bei dem irgendwann einmal das Leid und die Freude, der Schmerz und die Erleichterung, der Rückschlag und der Fortschritt *in eins* gefallen sind.

Bei denjenigen, bei denen das so ist – die können auch das Schwert führen ohne die Hand zu bewegen – ab und an jedenfalls. Und mit der Heiligen Teresa von Ávila wissen diese, dass das Innere der Burg weit mehr ist als die eigene Mitte.

Petra Reitz, geb. 1961 in Witten a.d. Ruhr, Schwester im Konvent Nord der Gemeinschaft St. Michael, Stipendium beim »Evangelischen Studienwerk Villigst«, Studium in Bonn, seit 1981 Geistliche Begleitung durch P. Dr. Anselm Grün OSB, Exerzitien-Leiter-Ausbildung bei den Jesuiten, 17 Jahre Gemeindepfarrerin am linken Niederrhein, Exerzitienbegleiterin in der »Qualifikation Geistliche Begleitung« der EKiR, seit 2010 in der Militärseelsorge und seit 2017 erste Leitende Militärdekanin Westdeutschlands mit Dienstsitz in Köln.

»Krise« in Quellen der christlichen Mystik

Zusammengestellt und kommentiert von Heiko Wulfert

Die Krise ist als eine Situation der Bedrängnis immer wieder Thema der mystischen Literatur. Sie ist Ort geistlichen Kampfes und der Bewährung. Auch in der Krise wird Gott am Werk gesehen, der den Weg aus der nur scheinbar ausweglosen Lage weisen kann. Zugleich erscheinen Krisen als eine Herausforderung an die mystische Theologie selbst. Die Krise, in die das römische Reich durch die Völkerwanderung geriet, führte Augustinus zur Formulierung seiner Lehre vom Gottesstaat. Pseudo-Dionysius Areopagita entwickelt, herausgefordert durch die Frage der Theodizee, seine eigene Antwort auf die Bedeutung der Lebenskrisen.

Gregor von Nazianz (329–390) schreibt an seinen Bruder Cäsarius, der gerade ein Erdbeben überlebt hat, das vor allem Nizäa stark verwüstet hatte; hierbei hatte er einen Großteil seines Vermögens verloren. Cäsarius war zu jener Zeit Finanzbeamter in Bithynien. Gregor nimmt das glücklich überstandene Erdbeben zum Anlass, dem Cäsarius zu einem mehr am Glauben orientierten Leben zu raten, womit erst die eigentliche Rettung stattgefunden hätte[1]:

Nicht einmal gefährliche Ereignisse schaden einsichtigen Leuten; wie ich für meine Person behaupte, sind sie sogar sehr gut und heilsam. Wenn wir es auch verwünschen, daß es sie gibt, so tragen sie doch zu unserer Belehrung bei, wenn sie geschehen. Die Seele, die Not leidet, ist Gott nahe, wie Petrus es irgendwo in einer äußerst bewundernswerten Art sagt, und jeder, der einer Gefahr entgangen ist, schließt sich dem, der ihn gerettet hat, enger an. Also regen wir uns nicht auf, daß wir in dieses Unglück miteinbezogen wurden, sondern seien wir dankbar, daß wir (ihm) entkommen sind. Verhalten wir uns Gott gegenüber in der Zeit der Gefahren nicht anders als nach den Gefahren; sondern entschließen wir uns, sowohl wenn wir in der Heimat wie wenn wir in der Fremde sind, sowohl in unserem Privatleben, wie in der Öffentlichkeit (man muß das unaufhörlich sagen) dem nachzufolgen, der uns gerettet hat, und seine Parteigänger zu sein, indem wir gering achten, was gering ist und keine große Rolle spielt. Geben wir den Nachkommen Kunde, von großer Bedeutung für

Nicht einmal gefährliche Ereignisse schaden einsichtigen Leuten; wie ich für meine Person behaupte, sind sie sogar sehr gut und heilsam.

---

[1] Michael Wittig (Hrsg.), Gregor von Nazianz. Briefe (=Bibliothek der griechischen Literatur, Bd. 13), Stuttgart 1981, Nr. 20, 95.

unseren Ruhm, aber (auch) für den Nutzen unserer Seele; eben
das ist zudem noch ein sehr brauchbares Erziehungsmittel für
die meisten, daß die Gefahr besser ist als die Sicherheit, und ein
Mißgeschick einem Glücksfall vorzuziehen ist: wenn wir nämlich
vor unserer Erschütterung der Welt gehörten, es aber danach mit
Gott gehalten haben. Vielleicht erscheinen wir dir lästig, wenn
wir dir so oft zu dem gleichen Thema schreiben und (vielleicht)
hältst du diese Worte nicht für eine Ermunterung, sondern für
Prahlerei. Also dann, genug davon; aber Du sollst wissen, daß wir
bereit sind und es außerordentlich wünschen, mit Dir zusammen
zu sein, um deine (wahre) Rettung richtig mitwahrzunehmen
und uns gründlicher darüber zu unterhalten; auf alle Fälle aber
wollen wir dich so schnell wie möglich hier empfangen und mit Dir
das Dankfest feiern.

Nach der Eroberung Roms durch die Westgoten am 24. August
410 entwickelte *Augustinus* (354–430) seine Lehre von den beiden
Reichen, die in seinem Buch vom Gottesstaat (*de civitate Dei*)
ihre volle Ausformung fand. Die weltpolitische Krise ließ den
Bischof von Hippo auf der Basis mystischen Gedankengutes eine
Geschichtstheologie entwickeln, die über die Schrecken der Zeit
hinaus sah:[2]

Wir haben das Menschengeschlecht in Klassen eingeteilt: zur
einen gehören die, die nach Menschenweise leben, die andere
aber umfasst diejenigen, die in Ausrichtung auf Gott leben. In
übertragenem Sinne (mystice) nennen wir die beiden Klassen
auch zwei Herrschaftsverbände, d. h. zwei Menschengemein-
schaften, deren eine vorherbestimmt (praedestinata) ist, mit
Gott in Ewigkeit zu herrschen, die andere aber, in Gemeinschaft
mit dem Teufel ewige Pein zu erdulden [...].

Diese gesamte Weltzeit nämlich, in der Geschlechter kommen
und gehen, fällt zusammen mit dem Fortgang jener beiden
Herrschaftsverbände, von denen wir reden. – Zuerst also wurde
von jenen beiden Stammeltern aller Menschen Kain geboren, der
zur menschlichen civitas, danach Abel, der zur civitas Gottes
gehört [...]. Zuerst wurde der Bürger dieses Äons geboren, danach
erst der, der Fremdling in dieser Welt ist und der civitas Gottes
angehört: aus Gnaden vorherbestimmt (praedestinatus) aus
Gnaden erwählt, aus Gnaden Fremdling hienieden, aus Gnaden
Bürger dort droben. Denn soweit es an ihm liegt, entstammt er
derselben Masse, die ursprünglich als ganze verdammt wurde;

---

[2] Augustinus; De catechizandis rudibus 15,1, zit. aus: Kirchen- und Theologiegeschichte in Quellen, Bd. 1: Alte Kirche (Hrsg. v. Adolf Martin Ritter), Neukirchen Vluyn 1977,
207 f.

gleichwohl hat Gott wie ein Töpfer [...] aus derselben Masse ein Gefäß zur Unehre und ein anderes zur Ehre geformt [...] Darum steht auch von Kain geschrieben, er sei Stadtgründer gewesen; Abel hingegen, als Fremdling, hat keine »Stadt« gegründet. Denn der Herrschaftsverband der Heiligen ist jenseitig (superna), obschon er hienieden Bürger hervorbringt, unter welchen er sich auf Pilgerschaft befindet, bis die Zeit seiner Herrlichkeit anbricht [...].

Pseudo-Dionysius Areopagita (6. Jahrhundert) nennt die Gerechtigkeit als einen der heiligen Namen Gottes. Das Leiden trifft jene, die sich von Gott abgewandt haben, um die Krise zu wecken, die sie wieder nach Gott verlangen lässt[3]:

Es möchte aber einer sagen: Es verträgt sich nicht mit der Gerechtigkeit, heilige Männer, welche von den Bösen ins Elend gebracht werden, ohne Hilfe zu lassen. Einem solchen muß man erwidern: Wenn die Männer, die du heilig nennst, die irdischen Dinge lieben, dann sind sie von der Liebe Gottes ganz und gar abgefallen. Und ich sehe nicht, wie sie Heilige genannt werden könnten, da sie das wahrhaft Liebreizende und Göttliche beleidigen, indem sie es gottloserweise nicht Dingen vorziehen, die nicht mit Eifer und Liebe zu erstreben sind. Wenn sie dagegen das wahrhaft Seiende lieben, so müssen sie sich freuen, daß sie bei ihrem Streben nach irgendwelchen wirklichen Dingen das Erstrebte erreichen. Oder nähern sie sich nicht um so mehr den Tugenden der Engel, wenn sie nach Möglichkeit durch das Verlangen nach dem Göttlichen von der leidenschaftlichen Neigung zu den materiellen Dingen sich entfernen und hierzu in den Schwierigkeiten, die für das Gute zu bestehen sind, recht mannhaft geübt werden? Mit Recht kann man demnach sagen, daß dies mehr der göttlichen Gerechtigkeit entspricht, die männliche Kraft der Besten nicht durch Verleihung materieller Güter zu verweichlichen und zu entnerven und, wenn jemand es (an ihnen) zu tun versuchte, dieselben nicht ohne Hilfe zu lassen, sondern sie in dem guten und unerschütterlichen Stande zu befestigen und ihnen, als Männern von solcher Tugend, nach Gebühr zu vergelten.

Hildegard von Bingen (1098–1179) benennt in ihrer Betrachtung des Alten Testamentes acht Tugenden, die auf den Neuen Bund hinweisen und in ihm ihre Geltung behalten. Als Mutter der Tu-

Darum steht auch von Kain geschrieben, er sei Stadtgründer gewesen; Abel hingegen, als Fremdling, hat keine »Stadt« gegründet.

---

[3] Joseph Stiglmayr (Hrsg.), Des heiligen Dionysius Areopagita angebliche Schriften über »Göttliche Namen«, München 1933 (=Bibliothek der Kirchenväter, Zweite Reihe, Bd. II), 127 f.

genden erscheint dabei die Kunst der Unterscheidung (*discretio*), die durch weise Entscheidungen den Weg aus der Krise weist[4]:

> *Am Ende der Mauer sitzt auf einem Stein die Diskretion. Sie erschien in ihrer Fülle, in Christus ruhend, als der Alte Bund an seinem Ziele angelangt war. Wie man den Weizen von der Spreu sondert, so würfelt sie mit der größten Sorgfalt alle Dinge durch, hält fest, was festzuhalten ist, und scheidet aus, was ausgeschieden werden soll. Bekleidet ist sie mit einer fast schwarzen Tunika, denn sie ist ganz eingehüllt in die Abtötung des Fleisches und schüttelt den Leichtsinn jeglicher Eitelkeit von sich ab. Daß sich auf ihrer rechten Schulter ein mäßig großes Kreuz mit dem Bilde Jesu Christi befindet, das deutet an, daß diese Tugend in der Macht der göttlichen Kraft – die durch die rechte Schulter versinnbildlicht wird – Wurzel schlug, als der allmächtige Gott seinen Sohn sandte, damit er auf wunderbare Weise Fleisch annehme und in Demut sich dem Leiden unterziehe. Aus einer Wolke ergießt sich auf ihre Brust ein wunderbar heller Glanz. Das ist die Glut der göttlichen Güte, die aus der hellleuchtenden Wolke der göttlichen Barmherzigkeit in die Geister der Menschen weht, Unterscheidung in ihnen bewirkt und sie erleuchtet. Daher zerteilt sich auch der Glanz in viele Strahlen wie das Licht der Sonne, wenn es durch viele kleine Spalten dringt; denn der Heilige Geist entsendet mit überragender Macht die verschiedenen Strahlen seiner Gnadengaben unter die Menschen. Lichter als die Sonne sind diese Strahlen. Sie zerteilen sich und dringen auf unaussprechliche Weise durch die Spalten der Demut in Sinn und Geist der Gläubigen ein, so daß diese aufs klarste die ihnen von Gott gestellte Aufgabe erkennen. Doch ist sich die Diskretion stets bewußt, daß das Werk, das sie durch die Gnade des Heiligen Geistes in den Menschen vollbringt, sich im Fleische vollzieht, wie das Holz gebrechlich ist. Mit dieser Erkenntnis verscheucht sie durch Gottes Hilfe die Einflüsterungen des Teufels, die sie wie Mücken umschwirren. Deshalb hält die Gestalt in der Rechten ein kleines, fächerartiges Holzgerät. Und aus der Spitze dieses Fächers sprießen wundersam drei Zweiglein mit einer Blüte, damit die gläubigen Menschen die heilige Dreieinigkeit, die über allem und in allem ist und immerdar in wunderbaren Werken blüht, treu im Glauben erkennen als die glorreich Herrschende in der Einheit der Gottheit und nicht verwegen die in ihnen selbst sich vollziehenden himmlischen Geheimnisse untersuchen. Sondern wie Gott alle seine Werke unter seinen mannigfaltigen Geschöpfen mit gerechter Berücksichtigung der Verhältnisse verfügt, so sollen*

---

4 Maura Böckeler OSB (Hrsg.), Der heiligen Hildegard von Bingen Wisse die Wege. Scivias, Berlin, 1928, 291 ff.

*auch die Menschen in der Kraft der Diskretion alle ihre Taten wohl
und richtig abwägen. Daß sie aber in ihrem Schoße eine Menge
ganz kleiner Edelsteine jeglicher Art trägt, die sie mit großer
Sorgfalt und Aufmerksamkeit behütet, wie ein Kaufmann sorglich
auf seine Waren achtzuhaben pflegt, das bedeutet, daß sie alles
Entsprechende und Geziemende selbst in den kleinsten Plänen
und Künsten der Menschen mit dem Schoße des Geistes umfängt
und jegliche von Gott gesetzte Gerechtigkeit in den Edelsteinen
der Tugenden einer bedächtigen und sorgfältigen Prüfung
unterzieht, damit sie in allen Dingen entsprechend und gerecht in
den Herzen der Menschen vorgehe im Hinblick auf den Lohn [...],
der ihr bei Gott zuteil wird [...].*

Für *Mechthild von Magdeburg* (1210–1285) ist die Krise der Ort
der Gottesbegegnung, die die fromme Seele suchen und nicht mei-
den soll. Sie beschreibt dies in ihrer Sammlung von Visionen »Das
fließende Licht der Gottheit« in einem kurzen, kräftigen Bild[5]:

*Diese Dinge sind aus dem Feuer kommen, und fließen auch
wieder da hinein, jedes nach seiner göttlichen Ordnung und mit
ewigem Lob. Wer tiefer dringen will, der lege sich in das Feuer
und sehe und schmecke, wie die Gottheit fließt, wie die Menschheit gießt, wie der heilige Geist ringt und manches Herze zwingt,
daß es himmelhoch erklingt.*

Die »*Theologia deutsch*« (14. Jahrhundert) spricht von der be-
ständigen Krise, der der Gläubige ausgesetzt ist und die ihn bis
zur Selbstaufgabe und Selbstverurteilung, der »resignatio ad
infernum«, führt:[6]

*Wie der gerechte Mensch in der Zeit in die Hölle wird gesetzt, und
kann darin nicht getröstet werden; und wie er aus der Hölle wird
genommen und wird in das Himmelreich gesetzt, und kann da-
rinnen nicht getrübet werden.*
*Christi Seele mußte in die Hölle, ehe daß sie zum Himmel kam;
also muß auch des Menschen Seele. Aber wie das geschehe,
das merket. Wenn sich der Mensch selbst erkennet und ansieht,
und findet sich selber also böse und unwürdig all des Gutes und
Trostes, das ihm von Gott und von der Kreatur geschehen kann,
vielmehr nicht anderes, denn ein ewig Verdammen und Ver-
lorensein; und dünkt sich auch desselben unwürdig zu sein, ja er
dünkt sich unwürdig alles Leidens, das ihm in der Zeit geschehen
kann; und daß es billig und recht sei, daß alle Kreaturen wider
ihn seien und tun ihm Leiden und Pein an; und ist des alles*

> *Diese Dinge sind
> aus dem Feuer
> kommen, und
> fließen auch
> wieder da hinein,
> jedes nach seiner
> göttlichen Ord-
> nung und mit
> ewigem Lob.*

---

[5] Das fließende Licht der Gottheit, VI, 29.
[6] Gottlob Siedel (Hrsg.), Theologia deutsch, Gotha 1929, 140 ff.

unwürdig. Auch dünket ihn recht, daß er ewiglich verdammt soll sein und auch ein Fußschemel soll sein aller Teufel in der Hölle, und das alles noch unwürdig; und will oder mag keines Trostes und keiner Erlösung begehren, weder von Gott, noch von Kreaturen, sondern er will gern ungetröstet und unerlöst sein, und ihm ist nicht leid Verdammnis und Leiden. Denn es ist (so) billig und recht, und ist nicht wider Gott, sondern ist der Wille Gottes; und das ist ihm lieb und ist ihm wohl damit. Ihm ist allein leid seine Schuld und Bosheit, denn das Unrecht ist wider Gott. Und damit ist ihm weh und übel zu Mut. Und dies ist und heißet wahre Reue um die Sünde. Und wer also in der Zeit in die Hölle kommt, der kommt nach der Zeit in das Himmelreich und gewinnt für sich in der Zeit einen Vorschmack, der übertrifft alle Lust und Freude, die ihm in der Zeit von zeitlichen Dingen je ward oder werden mag. Und dieweil der Mensch also in der Hölle ist, so mag ihn Niemand trösten, weder Gott noch Kreatur, wie geschrieben steht: »In der Hölle ist keine Erlösung«. Davon sprach ein Mensch:

> *»Verderben, Sterben, ich leb' ohne Trost,*
> *Außen und innen verdammet!*
> *Niemand bitt, daß ich werde erlöst!«*

Nun läßt Gott den Menschen nicht in dieser Hölle, sondern er nimmt ihn an sich, daß der Mensch nichts begehret, denn allein des ewigen Gutes und erkennt, daß es um das ewige Gut also überwohl ist; und ist seine Wonne und Frieden und Freude, Ruhe und Genüge. Und wenn der Mensch nichts anderes verlangt noch begehrt, als das ewige Gut und ihm selbst nicht, so wird des ewigen Gutes Friede und Freude und Wonne und Lust und was dessen ist alles den Menschen. Und so ist der Mensch im Himmelreich. Diese Hölle und dies Himmelreich sind zwei gute, sichere Wege dem Menschen in der Zeit; und wohl ihm, der sie recht und wohl findet [...].

Teresa von Ávila (1515–1582) betrachtet in der Auslegung des Vaterunser, die sie im »Weg der Vollkommenheit« bietet, die Bitte »Führe uns nicht in Versuchung«. Sie lehrt ihre Schwestern den Mut der Soldaten Christi (*militia*), in Trübsal und Krisen standzuhalten, weist aber auch auf die noch größere Versuchung hin, durch scheinbare geistliche Gaben dem Hochmut zu verfallen. Nur die Demut besteht in Krise und Versuchung[7]:

Wichtige Dinge sind es, um die wir, meine Schwestern, hier bitten und die wir darum erwägen und verstehen müssen. Ich halte es

---

[7] Aloysius Alkofer (Hrsg.), Weg der Vollkommenheit mit kleineren Schriften der hl. Theresia von Jesu (= Sämtliche Schriften der hl. Theresia von Jesu, Bd. 6), München 1941, 194 ff.

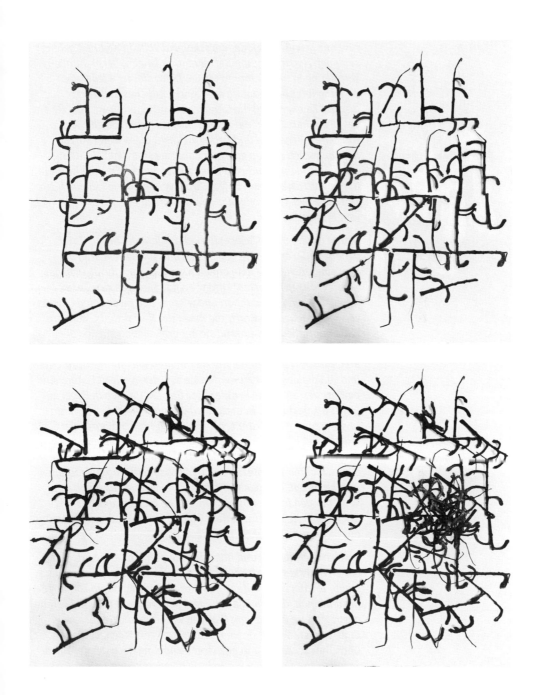

Foto: Rolf Gerlach

Ich halte es für ganz gewiß, daß jene, die schon zur Vollkommenheit gelangt sind, den Herrn nicht um Befreiung von Leiden, Versuchungen, Verfolgungen und Kämpfen bitten.

für ganz gewiß, daß jene, die schon zur Vollkommenheit gelangt sind, den Herrn nicht um Befreiung von Leiden, Versuchungen, Verfolgungen und Kämpfen bitten. Denn dies ist wieder eine Wirkung ihrer Beschauung sowie ein deutliches und zuverlässiges Zeichen, daß die Gnaden, die sie empfangen, vom Geiste des Herrn herrühren und keine Täuschung sind. Solche Seelen, wünschen, begehren und lieben vielmehr diese Widerwärtigkeiten, wie ich soeben erwähnt habe. Sie sind den Soldaten gleich, die mehr Freude am Krieg finden als am Frieden, weil sie dort mehr zu gewinnen hoffen. Wohl verdienen sie sich auch zur Zeit des Friedens ihren Sold; aber sie sehen, daß sie es dabei nicht weit bringen können.

Glaubt es mir, meine Schwestern, die Soldaten Christi, unter denen ich die beschaulichen Seelen und solche verstehe, die dem (innerlichen) Gebete ergeben sind, können die Stunde des Kampfes kaum erwarten! Offene Feinde fürchten sie allezeit wenig. Sie kennen sie schon und wissen, daß diese Feinde nichts vermögen gegen die Kraft, die ihnen der Herr verleiht, sondern immer unterliegen, während sie mit großem Gewinn aus dem Kampfe hervorgehen werden. Darum weichen sie auch nie vor ihnen zurück. Die Feinde, die sie fürchten und mit Recht fürchten und von denen erlöst zu werden sie den Herrn allzeit bitten, sind gewisse verräterische Feinde, böse Geister, die sich in Engel des Lichts ausgestalten. In dieser Verhüllung schleichen sie heran und werden nicht erkannt, als bis sie großen Schaden in der Seele angerichtet haben und wir unvermerkt in die Versuchung selbst geraten sind. Um Erlösung von diesen Feinden laßt auch uns, meine Töchter, im Vaterunser recht oft zum Herrn flehen! Laßt uns ihn bitten, er möge nicht zulassen, daß sie uns durch ihre Täuschungen in Versuchung führen! Ja, möge er uns das Gift zeigen, das sie uns einträufeln wollen, und verhüten, daß sie uns das Licht und die Wahrheit verdecken!

O welch wichtigen Grund hat unser Meister, uns diese Bitte zu lehren und sie selbst für uns an den Vater zu stellen! Seht nur, meine Töchter, wie vielfach uns diese Feinde schaden! Ihr dürft nicht meinen, der einzige Schaden, den sie uns zufügen, bestehe darin, daß sie uns zu dem Glauben verleiten, die Genüsse und Ergötzungen, womit sie uns zu täuschen vermögen, seien von Gott. Dies scheint mir in gewisser Beziehung noch der geringste Schaden zu sein, den wir durch sie erleiden können. Dadurch könnten sie sogar bei manchen Seelen bewirken, daß sie um so schneller voranschreiten. Denn angelockt von der Süßigkeit, die sie verkosten, bringen sie nun mehr Zeit im Gebete zu. Nicht ahnend, daß der böse Feind es ist, der ihnen solche Wonnen bereitet, halten sie sich dieser für unwürdig; sie können Gott nicht

genug dafür danken und fühlen sich um so mehr verpflichtet,
ihm zu dienen. In der Meinung, diese Wonnen kämen ihnen von
der Hand des Herrn zu, sind sie auch bemüht, sich zum Empfang
weiterer Gnaden vorzubereiten.

Bestrebt euch, meine Töchter, allzeit demütig zu sein! Habt stets
vor Augen, daß ihr solcher Gnaden nicht würdig seid, und suchet
sie nicht! [...]

Johannes vom Kreuz (1542–1591) erkennt in der Krise die Ver-
wundung durch den Pfeil göttlicher Liebe, durch die das Leben
vom falschen Weg der Verfallenheit an das eigene Ich zur Gottes-
liebe berufen werden soll[8]:

O selige Wunde,
von ihm geschlagen,
der nur zu heilen weiß!
O glückbringende Wunde,
nur gewirkt zur Beseligung;
dein Schmerz ist ein Labsal
für die verwundete Seele.
Groß bist du, beglückende Wunde,
denn groß ist der,
der dich geschlagen;
und groß ist dein Segen,
weil er unendlicher Liebe entspringt.
O selige Wunde,
du spendest um so tiefere Freude
je mehr dein Schmerz
die Tiefen der Seele erfaßt
und alles verzehrt,
was entzündet werden kann;
erfülle alles mit der Freude des Himmels,
was dazu berufen ist!

Gerhard Tersteegen (1697–1769) sieht in den Krisen des Lebens
den Kampf der Bewährung und Läuterung des Glaubens. Dies
zeigt er in einer Auslegung der Geschichte von der Sturmstillung
(Mt. 8,23–27)[9]:

Es ist eine Zeit her viel guter Same durch göttliche Güte in und
unter uns gesäet worden; nun muß eine Scheidung, Läuterung

---

[8] Aus der »Lebendigen Liebesflamme« B 2,8, zitiert nach: Johannes vom Kreuz, Ihn will
ich suchen, den meine Seele liebt, München/Zürich/Wien, 95.
[9] Gerhard Tersteegen, Weg der Wahrheit, die da ist nach der Gottseligkeit, Stuttgart o. J.,
373–377.

Nein, Geliebte, wir sind nicht zum Zeitvertreib und Belustigung mit Jesu ins Schiff gestiegen.

und Gründung vorgehen. Das 13. Kapitel Matthäi soll nun durch tätigen Beweis auseinandergelegt werden, damit ein jeder sich finde, wie und wo er stehe. Denn wir müssen ja nicht denken, daß man nur lauter sinnlichen Trost und Süßigkeit bei Jesu habe. Zwar hat man's unaussprechlich gut bei ihm: aber alles Gute muß bewährt werden, soll es nicht verderben und verloren gehen, darum ist auch das Kreuz eitel Gnade und Güte. Nein, Geliebte, wir sind nicht zum Zeitvertreib und Belustigung mit Jesu ins Schiff gestiegen. Es erhebt sich schon ein kleines Ungestüm, ein größeres mag folgen: das Schifflein wird beweget. So laßt uns denn unsere Herzen nur fassen in unbeweglicher stiller Zuversicht auf den, der bei uns drinnen ist, damit sein Mund uns nicht beschäme und sage: Was seid ihr so furchtsam, ihr Kleingläubigen! Matth. 8,26. [...]

Allein, die Waffen unserer Ritterschaft sind nicht fleischlich, sondern geistlich. Aller Sieg lieget in einem stillen, leidsamen, gläubigen und betenden Sinn. Die hitzige, harte Naturkraft muß an Christi Kreuz geheftet und durch gläubige Versenkung in seinen versöhnenden, sanften Liebessinn gebrochen und versüßet werden, so daß nichts als erbarmende Liebe, Wohlwollen und Wohltun, auch gegen die Widerwärtigen, geheget werde. So hat Christus über alle Höllenmächte triumphieret. Wandeln wir dabei würdiglich dem Evangelio Christi, so fallen uns auch eben diejenigen noch wohl zu, die jetzt widerstreben, wenn sie sehen den Glanz der Wahrheit und wie wir's gut bei Jesu haben.

Vieles Überlegen, Ratschlagen und Vornehmen nach menschlicher Klugheit macht die Sache nicht aus. Wenn die Unschuld nur unbekleidet bleibt, wie sie ist, so kann sie niemand erhaschen. Alle Kraft, Ruhe und Heil ist im Innebleiben und in diesem Kindersinn bei Jesu zu finden: da wird's alles gegeben in der Stunde und in dem Augenblick, da man's braucht. Darum sollen wir uns nicht aus unserer Festung setzen und zerstreuen lassen durch unnötige Furcht, menschliches Vorausdenken und immerwährendes Reden von gegenwärtigen Umständen: sondern durch Glauben und Beten so viel mehr vor dem Herrn drinnen bleiben, um also den Feind gleichsam auf unserm Posten abzuwarten.

Alle Kraft, Ruhe und Heil ist im Innebleiben und in diesem Kindersinn bei Jesu zu finden: da wird's alles gegeben in der Stunde und in dem Augenblick, da man's braucht.

Der katholische Theologe und Psychologe *Henri Nouwen* (1932–1996) forschte und lehrte auf den Gebieten von Mystik, Spiritualität, praktischer Pastoral und Pastoralpsychologie. Er berichtet von seinen persönlichen Erfahrungen in der Arche-Gemeinschaft Daybreak in Richmond Hill bei Toronto[10]:

---

[10] Henri J. M. Nouwen, Was mir am Herzen liegt. Meditationen, Freiburg/Basel/Wien, 1995, 106 f.

Das Geschenk der Konfrontation mit uns selbst.

Manchmal läßt uns das mit-leidende Leben ein Geschenk zuteil werden, auf das man nicht allzu erpicht ist: das Geschenk der Konfrontation mit sich selbst. Die Armen in Peru konfrontierten mich mit meiner Ungeduld und meinem ausgeprägten Bedürfnis, bestimmen zu können und etwas zu bewirken. Die Behinderten der Daybreak-Gemeinschaft konfrontierten mich mit meiner Furcht, zurückgewiesen zu werden, mit meinem Hunger nach Bestätigung und meiner ständigen Suche nach Zuneigung.

An eine solche Gelegenheit der Selbstkonfrontation erinnere ich mich sehr deutlich. Auf einer Vortragsreise nach Texas hatte ich für Raymond, einen Behinderten aus unserer Gemeinschaft in Daybreak, einen großen Cowboy-Hut gekauft. Ich freute mich darauf, nach Hause zu kommen und ihm mein Geschenk zu überreichen.

Doch als Raymond, dessen Bedürfnis nach Aufmerksamkeit und Bestätigung so ausgeprägt ist wie mein eigenes, das Mitbringsel sah, fing er laut zu schimpfen an: »Ich brauche dein blödes Geschenk nicht! Ich habe genug Geschenke! Ich habe dafür keinen Platz in meinem Zimmer! Alle Wände sind schon voll. Behalt dir dein Geschenk! Ich brauch' es nicht!«

Raymonds Worte rissen eine tiefe Wunde in mir auf. Er machte mir deutlich, daß ich mich bemühte, ihn als Freund zu gewinnen, doch statt ihm Zeit zu widmen und ihm meine Aufmerksamkeit zu schenken, hatte ich ihm einen Texas-Hut mitgebracht. Raymonds Ärger, die Antwort auf das teure Geschenk, konfrontierte mich mit meiner mangelnden Fähigkeit, in eine persönliche Beziehung zu ihm zu treten und eine wirkliche Freundschaft wachsen zu lassen. Statt den Hut als ein Zeichen der Freundschaft zu sehen, wurde er als ein Ersatz dafür verstanden.

Freilich geschah dies alles nicht bewußt, weder bei mir noch bei Raymond. Sein Ausbruch wirkte auf mich wie ein Schock, der mir aber bald klarmachte, daß mich meine eigene innere Unzulänglichkeit eschrecken ließ.

Auch diese Selbstkonfrontation ist ein Geschenk eines mit-leidenden Lebens; ein schwer entgegenzunehmendes Geschenk, das uns aber bei unserer Suche nach Ganzheit und Heiligkeit lehren und eine Hilfe sein kann.

Dr. Heiko Wulfert, geb. 1960, war Pfarrer in Aarbergen-Kettenbach und lebt nun im Ruhestand.

Bücher

Knauf, Ernst Axel, u. Hermann Michael Niemann: Geschichte Israels und Judas im Altertum. Berlin/Boston: Walter de Gruyter 2021. 494 S. EUR 29,95. ISBN 978-3-11-014543-4.

Geschichte ist bekanntlich geschehen und vergangen, sie kann im Nachhinein nicht mehr geändert werden. Was sich aber ändern kann und tatsächlich tiefgreifend geändert hat, ist unser Bild von der Geschichte. Wer wie der Rezensent in den 1960er-Jahren studiert hat, ist mit der »Geschichte Israels« von Martin Noth aufgewachsen, 1. Auflage 1950. Später kam als Standardwerk für Jahrzehnte die zweibändige »Geschichte des Volkes Israel und seiner Nachbarn in Grundzügen«, 1. Auflage 1984, von Herbert Donner dazu. Vergleicht man den Band von Knauf und Niemann mit diesen älteren Darstellungen, wähnt man sich bisweilen in einer anderen Welt. Wie kann das sein?

Ältere Darstellungen der »Geschichte Israels« oder »Geschichte des Volkes Israel« sind im Wesentlichen Nacherzählungen der biblischen Geschichtsdarstellung. Sie erzählen mit kritischem Blick und nehmen keineswegs naiv alles für bare Münze. Aber grundsätzlich orientieren sie sich an Aufriss und Abfolge der biblischen Darstellung. Das zeigt sich am Titel, an der zeitlichen Abgrenzung und an der Epochengliederung. Die Titel »Geschichte Israels« oder »Geschichte des Volkes Israel« gehen wie die Bibel von einer Größe »(Volk) Israel« aus, die von Anfang an – das heißt von der Volkwerdung in Ägypten an – gegeben ist und sich kontinuierlich durch die Jahrhunderte über alle Wandlungen hinweg erhalten hat. Dagegen heißt es bei Knauf und Niemann »Geschichte Israels und Judas«. Damit wird signalisiert, dass Israel nur eine von zwei Größen ist, dass es daneben und nicht als Teil des größeren Israel eine eigenständige Größe Juda gibt. Die Konsequenz ist, dass es immer um ein spannungsvolles Verhältnis zwischen den beiden Größen geht.

Die Orientierung an der Bibel zeigt sich auch in der zeitlichen Abgrenzung. Für Donner endet die Geschichte Israels mit Alexander dem Großen, danach komme die Geschichte des Judentums. Knauf und Niemann dagegen lassen die Darstellung bis zum zweiten jüdischen Aufstand 136 n. Chr. laufen, mit dessen Niederschlagung eine politische Größe »Israel« bis zur Gründung des modernen Staates Israel 1948 nicht mehr besteht.

Am deutlichsten zeigt sich die Differenz in der Epocheneinteilung. Während die älteren Darstellungen kontinuierlich die

Epochen der »Geschichte Israels« verfolgen, legen Knauf und Niemann eine fundamentale Dreiteilung über diese Epochen. Ihr I. Teil heißt: »Die Vorgeschichte des biblischen Israel: die Staaten Israel und Juda.« Damit werden über 700 Jahre zusammengefasst, von der ersten Erwähnung des Namens »Israel« auf einer ägyptischen Stele 1208 v. Chr. bis zum Ende der Staatlichkeit Judas 581 v. Chr. Darauf folgt II. »Die Formation des biblischen Israel aus Judäa und Samaria in der Perserzeit«, die mit rund 200 Jahren zwischen 539 und dem Beginn des Alexanderzugs 336 v. Chr. anzusetzen ist. In dieser Epoche entsteht nach den beiden Autoren das »biblische Israel« als die einheitliche Größe, die frühere Geschichtsschreiber ihrer Darstellung zugrunde gelegt haben. Darauf folgt sogleich das Ende des biblischen Israel. Denn Teil III heißt: »Die Aufspaltung des biblischen Israel in Samaritaner, Juden und andere in hellenistischer und frührömischer Zeit«, also zwischen 336 v. Chr. und 136 n. Chr. Entscheidende Bezugsgröße ist also das »biblische Israel« in Vorgeschichte, Formation und Aufspaltung.

Haben sich die älteren Darstellungen primär an der Bibel orientiert, so spielt diese bei den gegenwärtigen Autoren zwar eine gewichtige Rolle, aber keineswegs die einzige. Noch vor ihr stützt sich die Darstellung auf die Ergebnisse der Archäologie und die Einbettung in die gesamte Geschichte des alten Nahen Ostens. Profitieren können die Autoren, die beide selbst als Bibelwissenschaftler und Archäologen ausgewiesen sind, von den gewaltigen Fortschritten der Archäologie der Levante in den vergangenen Jahrzehnten. Ohne diese Grabungsergebnisse wären die Neubewertungen ganzer Epochen kaum möglich gewesen. Sie reicht von der Entstehung der Philister ab dem 11. Jh. v. Chr. bis zum Verhältnis zwischen Samaritanern und Juden und den beiden Tempeln auf dem Berg Garizim und in Jerusalem in nachexilischer Zeit.

Den breiten Neuansatz, zu dem noch die Einbeziehung der reichhaltigen Bildüberlieferung und die grundlegende Berücksichtigung der internationalen Wirtschafts- und Handelsgeschichte hinzukommen, teilen Knauf und Niemann mit den meisten aktuellen Darstellungen der Geschichte Israels und Judas. Im Einzelnen sind die beiden Autoren dann allerdings bisweilen auch sehr hypothesenfreudig. So habe Saul seine letzte, für ihn tödlich endende Schlacht gar nicht, wie die Bibel erzählt (1Sam 31), gegen die Philister, sondern gegen Israeliten geschlagen (125). Salomo habe es eigentlich überhaupt nicht gegeben, er sei vielmehr mit seinem angeblichen Sohn Rehabeam identisch (Exkurs »Salomo«, 171–178). Und bei den »Worten Hoseas«, womit das biblische Hoseabuch beginnt, handle es sich »nicht um

Worte *von* einem Propheten, sondern *über* den letzten König Israels dieses Namens« (291). Manches wird nur behauptet, anderes wird vorsichtig formuliert und als Hypothese kenntlich gemacht. Hilfreich ist, dass häufig Quellentexte und Bildmaterial außerbiblischer Herkunft herangezogen werden, sodass sich Behauptungen überprüfen lassen.

Trotzdem bleibt die Frage, wie ein Leser oder eine Leserin, die nicht Bibelwissenschaft, Altorientalistik und Archäologie studiert haben, die Hypothesen im Einzelfall überprüfen sollen, um sich ein eigenes Urteil bilden zu können. Das ist freilich nicht nur das Problem dieser Darstellung der Geschichte Israels und Judas, sondern jeder anderen, die mit biblischen, außerbiblischen und archäologischen Materialien arbeitet. Deshalb ist die Lektüre des gut lesbaren Buches von Knauf und Niemann sehr wohl zu empfehlen. Sie sollte aber ergänzt werden durch einen Blick in die eine oder andere alternative neuere Darstellung. Ich vermute, dass diese Empfehlung durchaus auch im Sinne der Autoren ist.

Rainer Kessler

Rüsch, Martin (Hrsg.): Zeit zwischen Nichts. Liturgie & Poesie. Freiburg i. Br.: Herder 2023. 160 S. EUR 20. ISBN 978-3-451-03409-7.

»Ein Gebet und liturgische Texte sagen strenggenommen nichts aus, sie sprechen nicht von einem Gegenstand – ihr eigentlicher Sprechakt ist eine Bewegung. Bei sich ist Glaubenssprache, wenn sie nichts von Gott weiß, sondern ihn ersehnt, empfindet, sucht und darin nun eigentlich schon gefunden hat – wie dieses ›flüsternd Wiegenlied‹ den Schlaf ersehnt und findet« (33). So drückt Christian Lehnert, über Clemens Brentanos Gedicht *Wiegenlied* nachsinnend, einen Aspekt der Verwandtschaft von poetischem und liturgischem Sprechen aus.

Dass eine solche Verwandtschaft bestehe, war die Grundannahme, die 2022 Martin Rüsch, Pfarrer am Großmünster in Zürich, dazu animierte, zusammen mit der dortigen Theologischen Fakultät, dem St. Anna Forum und dem Kloster Kappel das *Festival Liturgie & Poesie* zu organisieren, das vom 15. bis zum 22. Mai in Zürich und Kappel am Albis stattfand. Die Beiträge im vorliegenden Band gehen auf Vorträge und Lesungen zurück, die verschiedene Lyrikerinnen und Lyriker im Rahmen des *Festivals* hielten. Neben dem bereits erwähnten Christian Lehnert (13–37) gehören zu den Beitragenden auch Franz Dodel (55–77), Norbert Hummelt (79–98), Felicitas Hoppe (99–115), Uwe Kolbe (117–133), Klaus Merz (135–150) und Nora Gomringer (151–154). Der Band enthält zudem einen Aufsatz des Liturgiewissenschaftlers und Theologen Andreas Mauz (39–53), eine Einleitung von Martin Rüsch (7–11) sowie einen Bericht über die künstlerische Installation von Ida Dober und Lara Russi, die das *Festival* begleitete (155 f.).

Die Autorinnen und Autoren stellen sich der These, Poesie und Liturgie stünden in einem besonderen Zusammenhang miteinander – jeder und jede auf seine und ihre Weise, in Prosa und Vers. Was allen Beiträgen gemeinsam ist, ist jedoch die grundsätzliche Bejahung besagter These, weil diese offenbar mit Erfahrungen, die die Autorinnen und Autoren machten, und mit Einsichten, die sie dabei gewannen, resoniert.

Die Perspektiven, die auf die Verwandtschaft von Poesie und Liturgie, von dichterischem und liturgischem Sprechen, eröffnet werden, sind freilich vielfältig. Es gibt jedoch einen Aspekt dieser Verwandtschaft, der immer wieder zur Sprache kommt und auch im Stil der Beiträge Spuren hinterlassen hat: Liturgie und Poesie verbinde ein bestimmter Umgang mit dem Wort, eine bestimmte Weise, die Wörter und die Sprache zu gebrauchen. Denn beide lösten sich in ihrem Sagen »von jeder Alltagssprachlichkeit« (9).

Sowohl poetisches als auch gelingendes liturgisches (und homiletisches) Sprechen sind zum einen weder auf Information oder Kommunikation zu reduzieren (58) noch haben sie zum Ziel, »aktuell« und »*cool*« zu sein. Zum anderen sind sie auch darin verwandt, dass beide – wie das Anfangszitat aus Lehnerts Beitrag artikuliert – die Linearität dianoetischen Denkens und definierenden Redens transzendieren (122; 135). Weil sie zwischen Sag- und Unsagbarem »oszilliert« (9), macht poetische und liturgische (sowie homiletische) Sprache keine Aussagen *über* etwas, sondern drückt in Worten die suchende Bewegung hin zu etwas, was sich letztlich jedem Sagen entzieht, aus. Nicht die Definition, sondern die Andeutung ist ihr Grundmodus: Andeutung durch Worte von etwas, was in diesen Worten sich zeigt und dennoch verborgen bleibt. Und schließlich scheinen poetischer und liturgischer Vollzug auch darin verwandt zu sein, dass das Angedeutete und Angezeigte nicht nur als Gegenstand des Sprechens, sondern auch – und viel fundamentaler – als dessen Ursprung wahrgenommen wird: »[...] diese besondere Sprechweise ist ebenso aktiv wie passiv: Wir sprechen dichtend und betend, indem wir gesprochen werden« (34).

Ist nicht genau diese poetische Doppelbewegung für das Gebet, für das sakramentale Handeln und ja, auch für die Verkündigung charakteristisch? Denn was ist Gebet anderes als, wie der Dichter und Priester George Herbert (1593–1633) schrieb, »Gottes Hauch im Menschen, auf dem Rückweg zu seiner Quelle« (*God's breath in man returning to his birth*)? Lebt sakramentales Handeln nicht etwa davon, dass im und durch das Handeln der Menschen Gott selbst an ihnen handelt? Und auch bei der Verkündigung verhält es sich ähnlich – zumindest wenn wir dem Schweizer Reformator Heinrich Bullinger (1504–1575) Glauben schenken, der nicht zögerte, das sakramentale *Est* auf die Kanzelrede anzuwenden: »Die Predigt des Wortes Gottes *ist* das Wort Gottes« (*praedicatio verbi dei est verbum dei*).

Es dürfte deutlich geworden sein: Die Lektüre wirkte auf den Rezensenten inspirierend und regte ihn zum Nachdenken an. Das letzte Wort soll jedoch – passend zum Thema – die Dichtung behalten. Denn womöglich steckt die prägnanteste Antwort auf die den ganzen Band durchziehende Frage, was denn Poesie und Liturgie verbinde, in diesen vier Versen aus Klaus Merz' Gedicht *Königswege* (147):

Im Strom der Sprache
baut das Gedicht
eine Treppe
dem Wort.

Luca Baschera

Schneider, Thomas Martin: Kirche ohne Mitte? Perspektiven in Zeiten des Traditionsabbruchs. Leipzig: Evangelische Verlagsanstalt 2023. 200 S. EUR 22. ISBN 978-3-374-07318-4.

Mit Jeremiaden über den Verfall der Kirche lassen sich Bibliotheken füllen. Ehrliche Trauer und händereibende Genugtuung gehen dabei, gerne auch mit konfessionellen Untertönen, wunderliche Mischungen ein. Es gibt hochgelehrte Traktate, die Ursachen des Niedergangs in falschen Theologien zu erkennen meinen. Und es gibt die schlichten Skandalchroniken und »Kriminalgeschichten des Christentums«, die der Kirche eh die Pest an den Hals wünschen. Thomas Schneiders Buch kommt ohne die Attitüde gelehrter Besserwisserei aus, ist dabei aber ganz dem Sinn des Historikers für große Linien verpflichtet. Der Verfasser, Schüler des Münsteraner Kirchenhistorikers Wolf-Dieter Hauschild, lehrt Kirchengeschichte an der Universität Koblenz. Er ist ein hervorragender Kenner der evangelischen Kirchengeschichte des 20. Jahrhunderts, promoviert mit einer Arbeit über den »Reichsbischof« Ludwig Müller und habilitiert mit einer Monografie über die Gründung der Vereinigten Evangelisch-Lutherischen Kirche Deutschlands (VELKD) im Jahr 1948. Unter seinen zahlreichen Publikationen wäre etwa hervorzuheben seine im Jahr des Reformationsgedenkens 2017 vorgelegte Studie zur Entstehungs- und Wirkungsgeschichte der Barmer Theologischen Erklärung. Dort zeichnet Thomas Schneider die zahlreichen Fäden in Genealogie und Rezeption von »Barmen« nach und widmet sich auch den nicht minder zahlreichen Versuchen, die Erklärung für die jeweils eigenen konfessionellen und politischen Zwecke zu instrumentalisieren.

Mit seinem Buch »Kirche ohne Mitte« legt Thomas Martin Schneider nun einen kleinen Traktat über die Misere der evangelischen Kirche vor, dem man anmerkt, dass er nicht »sine ira et studio« geschrieben ist. Die Perspektive, die der Autor einnimmt, ist diejenige eines akademischen Lehrers der Theologie und engagierten Christenmenschen, der seine Kirche liebt und unter ihr leidet. Es geht ihm um die »Perspektiven in Zeiten des Traditionsabbruchs«, um das mithin, was Durchblick und Weitblick ermöglicht für kirchliches Handeln und einen Glauben, der weiß, dass es ohne die Gemeinschaft der Kirche, mit bloßer religiöser Privatheit etwa, nicht geht. Der Duktus des Buches folgt der apostolischen Devise aus Kolosser 4,6, dass »eure Rede allezeit lieblich und mit Salz gewürzt sei.« Neben einem eindringlichen Plädoyer für die bleibende Bedeutung und Aktualität reformatorischer Theologie stehen scharf geschnittene Vignetten protestantischer Skurrilitäten.

Das Fragezeichen im Titel »Kirche ohne Mitte?« scheint die These etwas abzuschwächen. Schneiders Diagnose ist eindeutig. Das Buch beginnt mit einem knappen Durchgang durch die evangelische Kirchengeschichte des 20. Jahrhunderts. In den großen politischen – und auch moralischen – Katastrophen der ersten Jahrhunderthälfte stand der Protestantismus in seiner Mehrheit auf der Seite der Macht. Das war 1914 nicht anders als 1933. Diesem Verlust der Mitte nach rechts hin zum Konservativen oder Reaktionären scheint spiegelbildlich die Linksverschiebung des Protestantismus in der Nachkriegszeit zu entsprechen. Zunächst noch in der Restaurationszeit der 1950er Jahre dem bewahrenden Zeitgeist verpflichtet, wandert die Kirche erst langsam, dann immer schneller nach 1968 mit dem Mainstream der kulturellen und politischen Eliten nach links. Im Versuch des Aggiornamento wird die geistliche und theologische Substanz immer dünner, an die Stelle der verlorenen Spiritualität rücken vermeintliche politische Eindeutigkeiten (68–86). Warf man dem traditionellen Christentum seine »Jenseitsvertröstung« vor, so führt die weit vorangeschrittene Enttheologisierung zu einer »Diesseitsvertröstung« (164), die den Glauben zur Motivation für politische Veränderung entkernt.

Ein paar polemische Giftpfeile dürfen nicht fehlen. Über den Journalisten Franz Alt als »ständigen Autor« des Magazins »chrismon«, das ganz milieukonform als kostenlose Beilage zu den im Bildungsbürgertum gelesenen Zeitungen erscheint, bemerkt Thomas Schneider »Wer solche ›ständigen Autoren‹ hat, braucht keine Gegner.« (131) Nun darf man Schneiders Buch nicht umstandslos als konservativen Weheruf missverstehen. Sein Urteil bleibt abgewogen. Ja, Kirche muss sich um Klimaschutz bemühen, sie muss gegen Diskriminierung angehen, sie muss für eine humane Asylpolitik eintreten. Ihre wesentliche Verpflichtung geht aber darüber hinaus: »Wir müssen uns trauen, als Kirche wieder mehr von Gott zu reden, auch wenn der Entkirchlichungstrend dadurch nicht aufgehalten werden sollte.« (193) Der Gottesdienst ist Mitte der Kirche, die Sakramente sind mit ihrer Leibhaftigkeit widerständig gegen die Intellektualisierung und Verflüchtigung des Glaubens. Diese reformatorischen Einsichten fasst Schneider in der gelungenen Sentenz zusammen: »Die Kirche ist nicht die Wahrheit, sie hat nicht die Wahrheit, sondern sie lebt von der Wahrheit.« (189) Besonders am Herze liegt dem Autor eine kirchliche Arbeit mit Kindern und Jugendlichen, die zum Glauben einlädt und ermutigt. Hier sieht er schwere Versäumnisse.

Einige Gedanken aus seinem Buch hat Thomas Schneider in seinem Essay diesem Quatember-Heft zusammengestellt. Einen guten Eindruck gewinnt man auch in einem Interview, das im Juni im Deutschlandfunk ausgestrahlt wurde und in der Mediathek nachzuhören ist: https://www.deutschlandfunk.de/kirche-ohne-mitte-der-evangelische-kirchenhistoriker-thomas-martin-schneider-dlf-d6a03194-100.html

Roger Mielke

Adressen

der Mitarbeiterinnen und Mitarbeiter:

Pfarrer PD Dr. Luca Baschera, Landvogt-Waser-Straße 36, CH-8405 Winterthur, luca.baschera@gmail.com • Rolf Gerlach, Schaapenstraat 26 (0201), B-2140 Antwerpen-Borgerhout • Prof. Dr. Marco Hofheinz, Leibniz Universität Hannover, Institut für Theologie, Appelstraße 11A, D-30167 Hannover, marco.hofheinz@ithrw.uni-hannover.de • Prof. Dr. Reiner Kessler, Tiroler Str. 103, D-60596 Frankfurt am Main, kesslerr@mailer.uni-marburg.de • Militärdekan Dr. Roger Mielke, Kunosteinstraße 5, D-56566 Neuwied, rmielke@uni-koblenz.de • Prof. Dr. Hermann Michael Niemann, Sildemower Weg 18a, D-18059 Rostock, hmn@uni-rostock.de • Ltd. Militärdekanin Petra Reitz, Thüringer Allee 139, D-53757 Sankt Augustin, petra.reitz@ekir.de • Professor Dr. Gerhard Sauter, Lochnerstraße 76, D-53757 Sankt Augustin-Niederpleiß, g.sauter@ev-theol.uni-bonn.de • Dipl. Ing. Christian Schmidt, Deutz-Mülheimer Straße 262b, D-51063 Köln, schmidt@cs-postbox.de • Apl. Prof. Dr. Thomas M. Schneider, Akademischer Direktor, Universität Koblenz, Institut für Evangelische Theologie, Universitätsstraße 1, 56070 Koblenz, thschnei@uni-koblenz.de • Pfarrer Dr. Thomas Thiel, Menniswellei Straße 3, D-00410 Bad Wurzach, thomas.th63@web.de • Pfarrer i. R. Dr. Heiko Wulfert, Kirchgasse 12, D-65326 Aarbergen, hwulfert@gmx.net.

Das Thema des nächsten Heftes wird »Ehrfurcht« sein.

Quatember
Vierteljahreshefte für Erneuerung und Einheit der Kirche
Herausgegeben von
Helmut Schwerdtfeger, Dr. Sabine Bayreuther und Matthias
Gössling im Auftrag der Evangelischen Michaelsbruderschaft,
des Berneuchener Dienstes und der Gemeinschaft St. Michael
Schriftleitung
Roger Mielke
Manuskripte bitte an:
Dr. Roger Mielke · Kunosteinstraße 5 · D-56566 Neuwied,
Telefon (0 15 77) 6 39 97 42, rmielke@uni-koblenz.de
Edition Stauda
Evangelische Verlagsanstalt GmbH, Leipzig
87. Jahrgang 2023, Heft 4

Bestellungen

Mitglieder der Evangelischen Michaelsbruderschaft, der Gemeinschaft St. Michael sowie des Berneuchener Dienstes richten ihre Bestellungen ebenso wie alle Änderungen nur an ihre jeweilige Gemeinschaft.
Nichtmitglieder richten ihre Bestellungen ebenso wie alle Änderungen nur an den Bestellservice oder an den Buch- und Zeitschriftenhandel. Abos können zum Jahresende mit einer Frist von einem Monat beim Bestellservice gekündigt werden.

Vertrieb: Evangelische Verlagsanstalt GmbH · Blumenstraße 76 · 04155 Leipzig
Bestellservice: Leipziger Kommissions- und Großbuchhandelsgesellschaft (LKG) · Frau Sabine Menke · An der Südspitze 1–12 · 04579 Espenhain
Tel. +49 (0)3 42 06-65-116 · Fax +49 (0)3 42 06-65-110
E-Mail: KS-team04@lkg.eu

Preis inkl. MwSt. zzgl. Versandkosten: Einzelheft: EUR 12,00, Fortsetzungsbezug möglich. Die Fortsetzung läuft immer unbefristet, ist aber jederzeit kündbar.

Covergestaltung: Kai-Michael Gustmann, Leipzig
Satz: druckhaus köthen GmbH & Co. KG, Köthen
Druck: Elbe Druckerei Wittenberg GmbH

Das Heft wurde auf alterungsbeständigem Papier gedruckt.

ISSN 0341-9494 · ISBN 978-3-374-07475-4

www.eva-leipzig.de